Königs Erläuterungen und Materialien
Band 304

Erläuterungen zu

Ulrich Plenzdorf

Die neuen Leiden
des jungen W.

von Rüdiger Bernhardt

Über den Autor dieser Erläuterung:

Prof. Dr. sc. phil. Rüdiger Bernhardt lehrte neuere und neueste deutsche sowie skandinavische Literatur an Universitäten des In- und Auslandes. Er veröffentlichte u. a. Monografien zu Henrik Ibsen, Gerhart Hauptmann, August Strindberg, gab die Werke Ibsens, Peter Hilles, Hermann Conradis und anderer sowie zahlreiche Schulbücher heraus. Seit 1994 ist er Vorsitzender der Gerhart-Hauptmann-Stiftung Kloster auf Hiddensee.

1. Auflage 2004
ISBN 3-8044-1795-7
© 2004 by C. Bange Verlag, 96142 Hollfeld
Alle Rechte vorbehalten!
Titelabbildung: Szenenfoto aus dem Film „Die neuen Leiden des jungen W." (BRD 1976), Klaus Hoffmann als Edgar Wibeau, Leonie Thelen als Charlotte.
Druck und Weiterverarbeitung: Tiskárna Akcent, Vimperk

Vorwort 5

1.   Ulrich Plenzdorf: Leben und Werk 7
1.1   Biografie 7
1.2   Zeitgeschichtlicher Hintergrund 11
1.3   Angaben und Erläuterungen
       zu wesentlichen Werken 18

2.   Textanalyse und -interpretation 20
2.1   Entstehung und Quellen 20
2.2   Inhaltsangabe 27
2.3   Aufbau 33
2.4   Personenkonstellation und Charakteristiken 42
2.5   Sachliche und sprachliche Erläuterungen 47
2.6   Stil und Sprache 61
2.7   Interpretationsansätze 63

3.   Themen und Aufgaben 68

4.   Rezeptionsgeschichte 71

5.   Materialien 81

       Literatur 87

(Zitiert wird nach: Ulrich Plenzdorf: *Die neuen Leiden des jungen W.* suhrkamp taschenbuch 300, Frankfurt am Main: Suhrkamp Verlag, 1976, zuletzt 2002, durch nachgestellte Seitenangabe. In einzelnen abweichenden oder ergänzenden Fällen werden die Fassung aus der Zeitschrift *Sinn und Form* (1972) als [SuF] und Seitenangabe und die Dramatisierung (D und Seitenangabe) verwendet.)

Vorwort

Der Erfolg des Werkes bei seiner Veröffentlichung im Frühjahr 1972 und der schnell folgenden Uraufführung war eine **Sensation**; Plenzdorfs Text (Stück und Roman) – über den Gattungsbegriff wird noch gesprochen werden – gehört zu den großen Erfolgen in der deutschen Literatur des 20. Jahrhunderts und war eines der größten literarischen Ereignisse der DDR. Wie immer der Text sein Publikum erreichte, vor allem als Bühnenfassung, aber auch als mühsam hergestellte Kopie der Erstveröffentlichung in der Zeitschrift *Sinn und Form*, in einer von Hunderten Lesungen oder als Buch, als Filmerzählung oder „Filmnovelle"[1]: die Reaktionen waren gewaltig. Worte und Widerworte trafen im Streit aufeinander und daraus entstand eine umfangreiche, öffentlich geführte Diskussion über Plenzdorfs Werk, über Traditionen und über die Funktion der Literatur.

Während das zahlreiche, besonders junge Publikum 1972/73 begeistert war, übten Funktionäre der SED Kritik an dem Stück, weil es zu wenig auf Lösungen ziele.[2] Die Diskussionen um den Text wurden unter künstlerischen, moralischen, sozialen und politischen Gesichtspunkten geführt, zu einer „politischen Literatur im engeren Sinne", wie behauptet, gehörte und gehört der Text Plenzdorfs nicht. *Die neuen Leiden des jungen W.* sind „schöne Literatur" mit besonderer Sprengkraft, die ein Publikum in Bewegung brachte und diskutieren ließ, die das literarische Inventar rücksichtslos durcheinander warf und auf Gattungsgrenzen keine Rücksicht nahm. Der Text arbeitet mit einem besonderen Kunstgriff, der das Werk von erlebbarer Realität unterscheidet: Es ist die Erfahrung des eigenen Todes.

---

1 Jo: *Gibt es Schuldige am Tod des Edgar W.?* In: Freiheit, Halle (Saale), vom 17. Mai 1972
2 Vgl. Wilhelm Girnus. In: Sinn und Form 1973, 6. Heft, S. 1284

Plenzdorf wurde nur durch *Die neuen Leiden des jungen W.* **vom erfolgreichen Szenaristen zum international bekannten Schriftsteller.** Das war eine Besonderheit, denn andere seiner Generation (Christa Wolf, Erik Neutsch, Brigitte Reimann, Irmtraud Morgner u. a.) hatten Anfang der sechziger Jahre mit Büchern auf sich aufmerksam gemacht und das eingeleitet, was später nach Brigitte Reimanns Titel *Ankunft im Alltag* (1961) als „Ankunftsliteratur" galt. Plenzdorf sprach dagegen von seiner „krumme(n) Karriere ... mit allen möglichen Abbrüchen und Nebenwegen"[3], die er gemacht habe.

Die vorliegenden Erläuterungen gehen vom Text und den Zeitverhältnissen aus. Die Fakten werden sorgsam ausgebreitet. Durch die vielen Bearbeitungen zeigen Plenzdorfs Texte Varianten, die nicht zu erklären sind und als Irrtum angenommen werden müssen (Alter der Eltern in D 111: Vater 36, Mutter 45, aber D 90: 36/40; Beruf des Vaters usw.). Auch ist zu unterscheiden zwischen der größeren und mehr Menschen erreichenden Wirkung des Stückes gegenüber der Wirkung des Romans.

---

3   Gespräch mit Ulrich Plenzdorf. In: Connaissance de la R.D.A, H. 11 (1980), S. 56. Zit. bei Klatt
    (*Ulrich Plenzdorf*, 1987), S. 316

1. Ulrich Plenzdorf: Leben und Werk

1.1 Biografie

Jahr	Ort	Ereignis	Alter
1934	Berlin-Kreuzberg	26. Oktober: Ulrich Plenzdorf wird als Sohn einer Arbeiterfamilie geboren; der Vater fotografierte für die „Arbeiter-Illustrierte-Zeitung". Die Eltern waren aktive KPD-Mitglieder.	
1949 –1952	Himmelpfort (Mecklenburg)	Nach der Scheidung der Eltern Schulbesuch im Internat „Schulfarm Scharfenberg". Es herrschte Schuldemokratie: Die Schüler regierten, die Lehrer unterrichteten. 1952 aufgelöst.	15–18
1954	Berlin	Abitur.	20
1954	Leipzig	Drei Semester Studium der Philosophie (Marxismus-Leninismus) am Franz-Mehring-Institut, Mitglied der SED. Texte für ein Hochschulkabarett. Gibt Studium auf wegen „klosterartiger" Paukerei.	
1955	Potsdam-Babelsberg	Bühnenarbeiter bei der DEFA.	21
1958–59		Freiwilliger Dienst als Soldat in der NVA (Nationale Volksarmee).	24–25

Jahr	Ort	Ereignis	Alter
1959 –1963	Babelsberg	Studium der Dramaturgie an der Filmhochschule der DDR.	25–29
1963	Babelsberg	Abschlussarbeit *Mir nach, Canaillen!,* von Ralf Kirsten verfilmt, Hauptrolle: Manfred Krug.	29
1964		Szenarium *Karla*, Film (Regie: Hermann Zschoche) wurde nicht beendet.	30
	Babelsberg	Szenarist bei der DEFA (Deutsche Film-AG, 1946 gegründet).	
1968–69		**Erstes Szenarium für *Die neuen Leiden des jungen W.* (Urfassung).**	34–35
1971		Heinrich-Greif-Preis und Kunstpreis des FDGB (Freier Deutscher Gewerkschaftsbund), beide Auszeichnungen im Kollektiv.	37
1972	Halle (Saale)	**Veröffentlichung *Die neuen Leiden des jungen W.* in *Sinn und Form;* Uraufführung der „Filmerzählung" *Die neuen Leiden des jungen W.* (Regie: Horst Schönemann).**	38
1973	Berlin	**Buchausgabe der *Neuen Leiden.*** Heinrich-Mann-Preis der Akademie der Künste.	39
1974		*Die Legende von Paul & Paula* (Filmdrehbuch).	40

Jahr	Ort	Ereignis	Alter
1974–75		Plenzdorfs *Neue Leiden* sind das meistgespielte Gegenwartsstück in beiden deutschen Staaten.	40–41
1978	Klagenfurt	Plenzdorf erhält den Ingeborg-Bachmann-Preis für *kein runter kein fern* (Hörspiel), entstanden 1974, Buchausgabe 1979 (Hamburg).	44
1979	Rostock	*Legende vom Glück ohne Ende.* Als Roman beim Hinstorff-Verlag erschienen. Als „Spiel nach dem gleichnamigen Roman"	45
1983		uraufgeführt in Schwedt (Regie: Freia Klier) und	49
1984		zum zweiten Mal inseniert im Schauspielhaus Karl-Marx-Stadt (Regie: Irmgard Lange).	50
1980		Szenarium *Glück im Hinterhaus* nach Günter de Bruyns *Buridans Esel.*	46
1984		Lesereisen durch die Bundesrepublik.	49
1992	Berlin	Mitglied der Akademie der Künste.	58
1993		Als Nachfolger von Jurek Becker Autor einer dreizehnteiligen Staffel von *Liebling Kreuzberg* mit Manfred Krug als Rechtsanwalt Liebling. Sendebeginn: Januar 1994.	59

Jahr	Ort	Ereignis	Alter
1998		Drehbuchmitautor für Erwin Strittmatters *Der Laden*, gesendet im November/Dezember in der ARD (Regie: Jo Baier).	64
Seit 1999	Berlin	Nach wie vor pendelt Plenzdorf zwischen einer sanierten Altbauwohnung in Berlin-Prenzlauer Berg und einer Datsche bei Seelow in Brandenburg.	65

1.2 Zeitgeschichtlicher Hintergrund

Aus der Zeitgeschichte werden zum Verständnis des Textes drei Vorgänge herausgestellt, die sich in ihm wiederfinden: ein innenpolitischer, ein außenpolitischer und ein kulturpolitischer Vorgang. Sie prägten 1968 die öffentliche Diskussion in der DDR und wirkten sich auf den Text aus.

Die junge Generation, die im Dritten Reich geboren worden war, dann ihre entscheidenden Jahre in der DDR verbrachte und – wie Ulrich Plenzdorf, Christa Wolf u. a. – nie die Absicht hatte, das Land zu verlassen, suchte Ende der sechziger Jahre nach **eigenen Wertvorstellungen** und geriet mit der älteren Generation, die nach dem Zweiten Weltkrieg das zerstörte Land aufgebaut hatte, in Konflikt. Besonders gefordert fühlte sich

Generationskonflikt

diese Generation, als der VII. Parteitag der SED (17.–22. April 1967) auf die wissenschaftlich-technische Revolution drängte und dabei Einfallsreichtum, Verantwortung und Selbstständigkeit, besonders der Jugend, forderte. Plenzdorfs Edgar Wibeau will ein solcher Erfindergeist sein, aber nicht die Vorgaben übernehmen, wie sie sein Lehrmeister – Vertreter der älteren Generation – noch vorträgt. Er sucht den individuellen Freiraum in den programmierten Lebensplanungen, um nach einer erfolgreichen Gestaltung dieses Freiraums in das gesellschaftliche Programm zurückzukehren.

Plenzdorf spielte auf diesen Prozess in den Todesanzeigen für Edgar Wibeau an. Während die aus Berlin mit „VEB" unterzeichnet ist (7), also die bekannte Form des „Volkseigenen Betriebes" ausweist, ist die aus der erfundenen Kleinstadt Mittenberg in der Nähe von Frankfurt/Oder bereits mit „VEB (K)" unterschrieben, ein Hinweis auf eine nur örtliche Bedeutung: Die Zukunft lag in Berlin. Die Unterscheidung ist für die Handlung wichtig. Seit 1967 wurden volkseigene Betriebe in „Kombinaten" zusammengeschlossen. Sie sollten leistungsfähigere Wirtschaftseinrichtungen darstellen und nach wirtschaftlicher Rechnungsführung arbeiten. Die Eigenverantwortlichkeit und die Entwicklungsmöglichkeiten in den Kombinaten waren größer als in den bisherigen volkseigenen Betrieben oder gar in den VEB (K).

Das wird in **Plenzdorfs Urfassung** deutlicher, die Anfang und Ende der Handlung direkt aus diesem Vorgang bezieht: Am Anfang erfährt Edgar, wie durch den VII. Parteitag der SED 1967 Forderungen erhoben werden, denen in seinem kommunal geführten Ausbildungsbetrieb, wie er selbst erlebt, die Ausbildungspraxis nicht entspricht. Am Ende wird das von ihm entwickelte Gerät von seiner Brigade in Berlin als „Stein der Weisen" gepriesen. Er hat, wenn auch eigenwillig, die Forderungen des Parteitages erfüllt. Edgar kehrt nach dem Unfall genesen heim und wird dort gefeiert.[4]

Zweitens war 1968 unter der Generation der um 1935 Geborenen das Gefühl verbreitet, einen Generationswechsel zu erleben. Das hing

Generationswechsel

wesentlich mit den Vorgängen von 1968 zusammen, dem Einmarsch sozialistischer Armeen in die CSSR und der Zerschlagung des „Prager Frühlings". Da dieser Versuch einer Demokratisierung eines sozialistischen Staates wesentlich von Intellektuellen und durch die Kafka-Konferenz von Liblice (1963) vorbereitet worden war, wirkte die Niederlage des Versuchs auch auf Intellektuelle besonders zurück, zumal einer der Wortführer der Reformsozialisten, der tschechische Germanist Eduard Goldstücker, 1968 ins Exil nach England ging, aus dem er erst 1991 nach Prag zurückkehrte. Intellektuelle

---

4   Brenner, S. 136 ff.

wie Plenzdorf hatten das Gefühl, durch die außenpolitischen Vorgänge ihre politischen Ideale und damit ihre Identität verloren zu haben. In einem Interview fand Plenzdorf seinen Text in seiner Entstehungszeit 1968 wichtig, weil „er mir erlaubte, meine Identität wiederzufinden, von der ich glaubte, dass ich im Begriff war, sie zu verlieren."[5] Ideale verkamen zu Illusionen.

Es darf nicht übersehen werden, dass zu den Störungen der Identität auch der Krieg der USA gegen Vietnam beitrug, das Massaker an Zivilisten in My Lai (Frühjahr 1968) und die Ermordung Dr. Martin Luther Kings (5. April 1968). Auf Bilder aus Vietnam reagiert Plenzdorfs Edgar voller Zorn und Wut, „dann wurde mir rot vor Augen" und er hätte sich, falls er gefragt worden wäre, „als Soldat auf Lebenszeit verpflichtet" (77).

In Essays, Briefen und Gesprächen um 1968 sprachen Schriftsteller immer wieder von **„Welt" und „Menschheit"**, weniger von „DDR" und „Sozialismus"; sie meinten das auch so: „Das heißt, die Prosa kann sich nur mit gedanklichen Strömungen und gesellschaftlichen Bewegungen verbinden, die der Menschheit eine Zukunft geben, die frei sind von den jahrhundertealten und den brandneuen Zauberformeln der Manipulierung und selbst das Experiment nicht scheuen."[6] Bei Plenzdorf klang das in den Worten Edgar Wibeaus schlichter, meinte aber Gleiches:

> *„Dieser Salinger ist ein edler Kerl. ... Wenn ich seine Adresse gewusst hätte, hätte ich ihm geschrieben, er soll zu uns rüberkommen. Er muss genau in meinem Alter gewesen sein. Mitten-*

---

5   P. Zeindler: *Begegnung mit dem DDR-Dramatiker Ulrich Plenzdorf*. In: Basler National-Zeitung vom 7. März 1975. Zit. nach Brenner, S. 313 f.
6   Christa Wolf: *Lesen und Schreiben* (1968). In: Christa Wolf: Fortgesetzter Versuch. Aufsätze, Gespräche, Essays. Leipzig: Reclam, 1979, S. 30

berg war natürlich ein Nest gegen New York, aber erholt hätte er sich hervorragend bei uns. Vor allem hätten wir seine blöden sexuellen Probleme beseitigt. (33 f.)

Aus solchen Gefühlsbündeln heraus wurden gegen Ende der sechziger Jahre zahlreiche Werke veröffentlicht, manche schon früher entstanden, in denen es um die Identität als gesellschaftlich lebender und denkender Mensch ging.

die Identität als gesellschaftlich lebender und denkender Mensch

Da diese Werke meist die bisherige Erziehung in Familie, Schule und Gesellschaft in Frage stellten, nach einem selbstbestimmten Freiraum des Individuums in einer die Entwicklung des Individuums planenden Gesellschaft suchten, gerieten sie in heftige öffentliche Diskussionen, setzten sich aber allmählich als kanonbildend für die Literatur der DDR durch. Dazu gehörten unter anderem Günter de Bruyns *Buridans Esel* (1968), Alfred Wellms *Pause für Wanzka oder Die Reise nach Descansar* (1968), Werner Heiduczeks *Abschied von den Engeln* (1968), Volker Brauns *Hans Faust* (1968, 1973 unter dem Titel: *Hinze und Kunze*) und Christa Wolfs *Nachdenken über Christa T.* (1968). Christa Wolfs Werk ist mit Plenzdorfs Werk vergleichbar, weil es ein Leben wie das Edgar Wibeaus auf einer intellektuell hoch stehenden Ebene der literarisch ambitionierten Christa T. durchspielt; auch Christa T. stirbt. Aber auch ihr Tod ist nicht die logische Konsequenz der gesellschaftlichen Zustände, sondern Folge einer schweren Erkrankung, wie der Edgar Wibeaus Folge eines Unfalls war. Beider Tod schaffte aber die Möglichkeit, über ein abgeschlossenes und damit nicht mehr veränderbares Leben nachzudenken und so die Einschränkungen, Irritationen und Möglichkeiten zu markieren. Nachdenken, Erinnerung und Kritik der Selbsterfahrung waren bestimmende Merkmale der Prosa geworden.

Plenzdorfs Besonderheit lag darin, dass er diese Merkmale einem siebzehnjährigen Nichtintellektuellen mitgab, dessen Wertvorstellungen allgemein menschlicher Natur, aber auch sozialistisch akzentuiert waren. So kritisierte er, wenn „einer dem Abzeichen nach Kommunist ist und zu Hause seine Frau prügelt" (27). Auch hielt er konsequent an den Idealen der Kommunisten fest.

Christa Wolf schrieb zu dem Vorgang auch eine entsprechende und kommentierende Essayistik (*Lesen und Schreiben*, 1968) und gab dem gesamten Prozess in einem Gespräch auch die berühmt gewordene Begrifflichkeit mit, die „subjektive Authentizität"[7], die sie in *Lesen und Schreiben* als „Bedürfnis, auf eine neue Art zu schreiben" bezeichnet hatte. Christa Wolfs „subjektive Authentizität" beschreibt auch Plenzdorfs Verfahren:

die „subjektive Authentizität"

> „Dies ist durchaus ‚eingreifende' Schreibweise, nicht ‚subjektivistische'. Allerdings setzt sie ein hohes Maß an Subjektivität voraus, ein Subjekt, das bereit ist, sich seinem Stoff rückhaltlos … zu stellen, das Spannungsverhältnis auf sich zu nehmen, das dann unvermeidlich wird, auf die Verwandlungen neugierig zu sein, die Stoff und Autor dann erfahren. Man sieht eine andere Realität als zuvor. Plötzlich hängt alles mit allem zusammen und ist in Bewegung."[8]

Unverwechselbare Identität wird zur gesellschaftlichen Produktivität. Das bedeutete Polemik gegen ethische Normvorstellungen, Idealisierungen von Vorbildern – „Schrittmacher" nannte man sie in jener Zeit – und eine steril harmonisierte Menschengemeinschaft, wie sie in den Dokumenten der SED beschrieben wurden.

---

7   Christa Wolf: *Die Dimension des Autors*. (1973). In: Christa Wolf: Fortgesetzter Versuch. Aufsätze, Gespräche, Essays. Leipzig: Reclam, 1979, S. 83
8   Ebd.

Drittens war Plenzdorfs Stück auch ein Beitrag zur heftig ent-
brannten Diskussion um das klassi-

das klassische Erbe

sche Erbe, die auf dem 6. Plenum des
ZK der SED im Juli 1972 einen Höhepunkt hatte. Während die
Klassikforschung – stellvertretend die NFG (s. S. 58 dieser
Erläuterung) – die nicht zu überhörende Diskussion um
Plenzdorfs Stück nicht zur Kenntnis nahm, durchbrach das
Stück ein Tabu: *Die Neuen Leiden* stellten sich den auf Werk-
treue und museale Pflege orientierten Bewahrern der Klassik
entgegen und demonstrierten einen Umgang mit einem klassischen Text, der an Brechts Umgang mit vorhandenen Texten
als „Material" erinnerte. Dabei stellte sich heraus, dass die
offizielle Behauptung, die klassische Literatur sei in breiten
Bevölkerungskreisen Bildungsgut geworden, eine Unterstel-
lung war. Der Name Goethe fällt in den *Leiden* nur einmal
und wird nicht mit dem *Werther* verbunden. Die Gestalten,
die mit den *Werther*-Zitaten konfrontiert werden, einschließ-
lich des angehenden Germanisten Dieter, können damit nichts
anfangen, erkennen den Text nicht und er bleibt ihnen fremd.
Plenzdorf hatte beim Schreiben nicht daran gedacht, sich auf
eine Klassik-Diskussion einzulassen oder Interesse für Goethe
zu wecken.[9] Aber neben ihm hatten sich bereits heftige Diskussionen um die Klassik und ihre Aufnahme entwickelt und
Die neuen Leiden des jungen W. wurden einbezogen. Besonders
intensiv gestaltete sich der Streit um Volker Brauns *Hans Faust*
(1968). Braun hatte der Vorstellung, die Arbeiterklasse würde
die Ideale der deutschen Klassik in der Gegenwart verwirkli-
chen, die so genannte „Vollstrecker"-These, eine völlig neue
Konstellation, entgegengestellt, in der Mephisto zur gestalten-
den Kraft wurde. Er meldete neue Bedürfnisse an, so wie
Edgar neue Bedürfnisse gegenüber der Figur Werther anmel-

---

9 Vgl. Klatt (*Modebuch*, 1987), S. 371

det: Mit dessen Freitod hatte er nichts zu tun; er nahm sich seine Charlie, während Werther das unterließ. Die Klassik als eine Zeit der ewigen Werte, wenn auch nur gedacht, verlor an Bedeutung. Plenzdorfs Text, der so wenig pietätvoll mit seiner Vorlage umging, unterstützte diesen Prozess und musste deshalb umstritten sein.

Während einerseits ernsthaft und auch sehr rigoros über das Verhältnis von Klassik und Gegenwart gestritten wurde und dabei auch Inszenierungen wie die von Goethes *Faust I* in Berlin (Regie: Wolfgang Heinz, Adolf Dresen, 1967) ins Blickfeld der Streitenden gerieten und der Streit dazu führte, dass *Faust II* nicht wie geplant inszeniert wurde, hatte Plenzdorf bei seinem spielerischen Umgang mit der Klassik, die zudem nicht einmal Klassik sein durfte, denn Herkunft und Autor seiner Lektüre kannte Edgar nicht, einen völlig anderen, unerwarteten und überraschenden Weg eingeschlagen. Er ging nicht von dem traditionell gestützten und durch die Autorennamen gesicherten Wert der literarischen Vorlage aus, sondern von der ihr innewohnenden Aktualität.

1.3 Angaben und Erläuterungen zu wesentlichen Werken

Ähnlich erfolgreich war **Plenzdorfs *Die Legende von Paul & Paula*** (Szenarium 1973, Buchausgabe 1974) mit der nicht ganz so erfolgreichen Fortsetzung *Legende vom Glück ohne Ende* (1979). Es wird die Liebesgeschichte einer jungen Frau erzählt; das Leben ist mit ihr hart umgesprungen. Sie fühlt sich, mitten in Berlin und in einem tristen Alltag lebend, mit ihren Kindern abseits stehend. Sie strebt wie Edgar nach einem sinnvollen Leben und unterliegt wie er. Plenzdorf zwingt die Aufmerksamkeit auf die Liebe und setzt damit ein Thema seines Edgar Wibeau fort. Paul und Paula haben auf einem Rummelplatz den falschen Partner gefunden; Paula jagt den Mann fort. Paul ist nicht so konsequent. In ihrer Misere finden sich Paul und Paula in einer Tanzbar. Bei der Geburt des dritten Kindes, dem ersten von ihrer wahren Liebe, stirbt Paula wie vom Arzt ("beim Dritten kommst du nicht durch") angekündigt. Zurück bleibt Paul mit nun drei Kindern. Beide Texte, *Die Legende von Paul & Paula* und *Die neuen Leiden des jungen W.*, wurden 1974 gemeinsam in einem Band publiziert, weil sie "miteinander verwandt" seien: "Das legitimiert diese Veröffentlichung."[10] Paula und Wibeau waren weder Vorbilder noch abschreckende Beispiele, sondern "Angebote, moralische Kriterien, humanistische Wertvorstellungen und praktische Lebenserfahrungen kritisch zu prüfen"[11]. Beider Tod wird am Textbeginn mitgeteilt.

die Liebesgeschichte einer jungen Frau

Das Hörspiel *kein runter kein fern* (1974), ausgezeichnet mit dem Ingeborg-Bach-

Hörspiel kein runter kein fern

---

10 Klaus Wischnewski: *Bemerkungen danach*. In: Ulrich Plenzdorf, (dialog), ebd., 1974, S. 157
11 Wischnewski, ebd.

mann-Preis, ist eine Fortsetzung der *Neuen Leiden*. Der Hilfs-
schüler Fleischmann („Abl") ist Wibeau ähnlich, aber auch ein
Nachkomme aus dem Paar Kain und Abel:

> *„Außer einer Familiengeschichte ist es auch noch eine über
> Kain und Abel und Gott Vater und behandelt das Gebot: Du
> sollst nicht töten. Und das ist ja auf eine ganz eigenartige Weise
> wieder aktuell geworden"*[12],

sagte Plenzdorf 1990 über den Text. Abl wird im Gegensatz zu
Wibeau zerstört, ehe er den Versuch der Selbstbestätigung
machen kann. Er ist deformiert durch Elternhaus und Schule,
Bürokratie und Staat. Die Strenge des Vaters ist auch Folge
seiner Tätigkeit bei der Geheimpolizei, dem MfS. – Plenzdorf
kannte sich aus; er hatte seine Wohnung 1971 als Deckadresse
dem MfS (Hauptabteilung VIII) zur Verfügung gestellt und
eine Verpflichtungserklärung unterschrieben. Nach 1972 war
er selbst, wie das in Erfolgsfällen wie den *Neuen Leiden* üblich
war, Gegenstand der Beobachtung des MfS. – *kein runter kein
fern* wurde 1990 im Deutschen Theater aufgeführt (Regie:
Michael Jurgons). Im Titel wird ein Verfahren deutlich:
Sprachreduktion tritt an die Stelle von Verständigung und Gespräch; der Titel beschreibt eine Strafandrohung: kein Runter-
gehen, kein Fernsehen. Solche Sprachreduktionen waren
bereits im Ansatz in *Die neuen Leiden des jungen W.* erkennbar
gewesen, wurden aber durch die *Werther*-Montagen verdeckt.

---

12 *Es gibt kein runter kein fern*. Gespräch mit Ulrich Plenzdorf. In: Junge Welt, Berlin 1990, 13./14.
Januar

2. Textanalyse und -interpretation

2.1 Entstehung und Quellen

Goethes *Die Leiden des jungen Werther* hatte Plenzdorf zum ersten Mal als Schüler kennen gelernt. Die Vermittlung durch die Schule stieß bei Plenzdorf aber auf Kritik. 1968 las er erneut den *Werther* und fand bestimmte Textstellen nach wie vor aktuell. Es kam ein Zeitungsartikel dazu, in dem Plenzdorf der Satz auffiel, eine Brigade komme mit einem ihrer jungen Mitglieder nicht zurecht. Schließlich lernte er einen jungen Mann kennen, der gern aus dem *Werther* zitierte. 1968 entstand das erste Szenarium für einen Film *Die neuen Leiden des jungen W.*, es war die Urfassung. Der Stoff wurde wiederholt zurückgewiesen[13], der Film wurde nicht gedreht. Diese Fassung war von den späteren wesentlich unterschieden.

Urfassung 1968

Edgar leitete seine Handlungen in der Urfassung aus den gesellschaftlichen Forderungen der DDR ab und verglich sie mit der realen überholten Ausbildungspraxis. Der Zusammenstoß von überholter Arbeitsmethode und neuen Produktionsvorstellungen war ein verbreitetes Thema der Kunst in dieser Zeit und hatte in Benito Wogatzkis Fernsehfilm *Zeit ist Glück* (1968) einen Höhepunkt. Es waren besonders Film und Fernsehen, die sich dieses Themas annahmen. Plenzdorfs Urfassung gehört in diesen Zusammenhang.

Edgars Lehrausbilder hatte erklärt, wenn die Lehrlinge aus einem Stück Eisen eine Uhr machen könnten, hätten sie ausgelernt; Edgar antwortete mit „Uhrmacher wollten wir aber

---

13 *Diskussion um Plenzdorf:* Ulrich Plenzdorf. In: Sinn und Form. Berlin: Rütten & Loening, 25. Jg., 1973, 1. Heft, S. 243

eigentlich nicht werden". Dem folgte in der Urfassung ein Tonbandmitschnitt einer Betriebsgewerkschaftsversammlung, auf der die Lehrlinge von 1968 als die Facharbeiter und Leiter modernster Produktionsprozesse in den siebziger und achtziger Jahren gesehen wurden. Im Widerspruch dazu stand, eine Grundplatte zu feilen, die von Automaten längst genauer und schneller hergestellt werden konnte. Edgar und Willi nahmen aus besagter Gewerkschaftsversammlung den Satz auf Tonband auf:

> *„Die berechtigte Forderung unserer Lehrlinge, der Zukunft unseres Betriebes, wenn ich mal so sagen darf, endlich Zugang zur modernen Technik zu erhalten, findet bei uns offene Türen."*[14]

Der Satz wird mehrfach wiederholt. – Am Ende der Urfassung bringen Edgars Kollegen ihn nach seinem Unfall zum Wagen der Schnellen Medizinischen Hilfe; anschließend erkennen sie Edgars entscheidende Neuerung an dem Spritzgerät und führen es zum Patent. Edgar hat erfüllt, was als Forderung an die Lehrlinge herangetragen worden war. Er wird ein Held. Edgar und Wille genießen am Ende wieder ihre kleine Stadt:

> *„Edgar fühlte sich wohl hier, besonders, wenn sich jemand nach ihm umsieht, obwohl ansonsten alles ein bisschen lütt ist. Und Willi fühlt sich wohl in der Gesellschaft von Edgar."*[15]

Im März 1972 erschien eine veränderte Fassung *Die neuen Leiden des jungen W.* im Heft 2 der Zeitschrift *Sinn und Form*, die von der Deutschen Akademie der Künste zu Berlin herausgegeben wurde. Es war eine mutige Tat der Redaktion, in der höchsten Ansprüchen genü-

> 1972 veränderte Fassung im Heft 2 der Zeitschrift *Sinn und Form*

---

14 Brenner, S. 81
15 Brenner, S. 138

genden Zeitschrift diesen sprachlich auffallenden Text zu ver-
öffentlichen. Die berühmte Zeitschrift erschien in einer Auflage von 8000 Exemplaren und war ein Ausweis des intellektuellen Niveaus der DDR. Sie hatte eine „einzigartige Stellung"[16].
Als „Anmerkung" zur Erstveröffentlichung war in der Zeit-
schrift zu lesen: „Ulrich Plenzdorf, geboren 1934, arbeitet als
Szenarist bei der DEFA. Mit dieser Arbeit tritt er das erste Mal
an die literarische Öffentlichkeit. Die Buchausgabe soll im
Hinstorff Verlag Rostock erscheinen."[17] Das war untertrieben,
denn Plenzdorf war über den erfolgreichen Film *Mir nach,
Canaillen!* (1964) hinaus bereits ein erfolgreicher Szenarist
(*Weite Straßen – stille Liebe*, 1969 Regie: Hermann Zschoche;
Kennen Sie Urban? 1970, Regie: Ingrid Reschke, der in den
Neuen Leiden eine besondere Bedeutung bekommen sollte).
Die Akzentsetzung war in der *Sinn und Form*-Veröffentlichung
grundsätzlich anders geworden: Edgar reagierte nicht mehr
auf eine gesellschaftliche Forderung, sondern folgte einer individuellen Erregung, als er dem Lehrausbilder die Eisenplatte
auf den Zeh fallen ließ. Es war auch keine Protesthandlung
mehr, sondern zum Rowdytum tendierende Unbeherrschtheit,
„Jähzorn" (D 94) heißt es in der Stückfassung[18]. Die Veränderung wurde von Plenzdorf dem Text eingeschrieben und Edgar
als Kommentar mitgegeben: „Mir war gleich klar, dass jetzt
kein Schwein mehr über die Ausbildung reden würde ..." (14).
War die Urfassung aus einer genauen Zeitsituation in der DDR
von 1968 heraus entstanden, so wurde die Überarbeitung von
einem allgemeinen Konflikt zwischen Generationen über ein
konkretes Land hinausgehend geprägt, der ebenfalls in der

---

16 Hans-Jürgen Schmitt (Hrsg.): *Die Literatur der DDR*. Hansers Sozialgeschichte der deutschen
    Literatur, Bd. 11. München: dtv, 1983, S. 74
17 Ulrich Plenzdorf: *Die neuen Leiden des jungen W.* In: Sinn und Form. Hrsg. von der Deutschen
    Akademie der Künste zu Berlin. Berlin: Rütten & Loening, 1972, 2. Heft, „Anmerkungen", S. 461
18 Ulrich Plenzdorf: *Die Legende von Paul & Paula. Die neuen Leiden des jungen W.* Berlin:
    Henschelverlag (dialog), 1974, S. 94

Zeit lag, aber nicht auf eine gesellschaftliche Programmatik bezogen werden konnte. Dadurch entstand ein Konflikt, der nicht nur in der DDR bestand, sondern international war und der den Text deshalb auch international interessant werden ließ. Plenzdorf hat in den seit 1972 veröffentlichten Fassungen „konkrete Bezüge zu Vorgängen in den sozialistischen Betrieben sogar getilgt und die Geschichte in einem viel allgemeineren Lebensraum hineingestellt"[19]. Plenzdorfs Fassung von 1972 als Gleichnis des Zusammenpralls von Selbstverwirklichungswillen eines Individuums und doktrinärer Gesellschaft zu lesen, ist zwar möglich[20], entspricht aber weder dem Text noch dem Anliegen des Autors. Indem er diesen Zusammenstoß zwischen Individuum und Gesellschaft von den konkreten sozialen Bedingungen weit gehend entfernte, entstand jene Allgemeingültigkeit, die das Werk damals international zum Kultbuch werden und bis heute aktuell bleiben ließ.

Die Buchausgabe erschien zeitgleich in Rostock und Frankfurt a. M. 1973.

Buchausgabe 1973

Sie war streckenweise erweitert (37–43 u. v. a.), anderes fehlte (wie die Einleitung zu den Tonbändern, 17: „Fühle mich großartig. Beschließe, morgen die ersten Schritte zu unternehmen. Variante drei läuft. Ende." SuF 259, D 96 u. a.) und der Schluss wurde verändert. Noch vor den Veröffentlichungen hatte der Regisseur Horst Schönemann Anfang 1972 in Halle (Saale) mit Inszenierungsarbeiten begonnen und dabei eine große Öffentlichkeit zu Foyer-Gesprächen, Proben usw. eingeladen. Ein großes Publikum diskutierte anhaltend und leidenschaftlich in verschiedenen Medien.

Plenzdorfs Figur Edgar Wibeau hat vielfache und umfangreiche Beziehungen zu **künstlerischen und literarischen Vor-**

---

19 Klatt (*Modebuch*, 1987), S. 363
20 Vgl. Max, F. R./ Ruhrberg, Chr. (Hrsg.). *Reclams Roman Lexikon*. Deutschsprachige erzählende Literatur vom Mittelalter bis zur Gegenwart. Stuttgart: Reclam, 2000, S. 824

lagen. Dazu gehören Märchen, Legenden und berühmte Bücher wie Defoes/Campes *Robinson Crusoe*, möglicherweise Heinrich Bölls *Ansichten eines Clowns* (1963). Bölls Clown Hans Schnier erinnert an Edgar, indem er „die Balance zwischen Liebe und Außerhalb-der-Konvention-Leben nicht schaffte"[21]. Auffällige Ähnlichkeiten gibt es zwischen Plenzdorfs Text und **Joachim Seyppels *Columbus Bluejeans oder Das Reich der falschen Bilder*** (1965). Seyppel, der von 1949 bis 1960 in den USA gelebt hatte und 1973 aus Westberlin in die DDR übersiedelte, lässt den Deutschen Toffel Orff in den USA auf Suche nach der neuen Welt gehen und verschafft ihm durch Bluejeans eine neue Identität. Orff findet ein Reich der falschen Bilder und stirbt schließlich, zurück bleiben seine Bluejeans. Das 7. Kapitel des 1. Teils, in dem Orff eine Hütte baut und sich in diese zurückzieht, hat manche Ähnlichkeiten mit Wibeaus Laubenaufenthalt. Seyppel (geb. 1919), von dem seit 1965 Bücher in der DDR erschienen (*Als der Führer den Krieg gewann […]*, 1965), war 1968 in der DDR und vor allem in Kreisen der DEFA bekannt.[22]

Besonders auffallend war der Bezug

Bezug auf zwei Titel

der *Neuen Leiden* auf zwei Titel, die weniger Quellen als vielmehr Vorlagen für die Gestaltung waren. Die eine Vorlage wird bereits im Titel variiert, **Goethes *Die Leiden des jungen Werther***. Der Roman bekommt den Charakter eines Spiegels, in dem Wibeau sein Leben in der Einsamkeit und seine Liebe zu Charlie betrachtet, ironisch bricht und vergleicht. Ironie ist eine der bestimmenden Fähigkeiten Edgars – schon die Beschreibung der Herkunft des Buches aus der Toilette, wo es als Klopapier gedacht war, weist das aus.

---

21 Klatt (*Modebuch*, 1987), S. 370
22 Vgl. dazu: Rüdiger Bernhardt: *Grenzüberschreitung* (Zu Joachim Seyppel). In: Weimarer Beiträge. Berlin 1978, 24. Jg, Heft 1, S. 94–130

Die andere Vorlage war **Jerome David Salingers Roman**
***Der Fänger im Roggen** (The Catcher in the Rye)* aus dem Jahre
1951, in der Bearbeitung von Heinrich Böll. Der Name des
Übersetzers ist wichtig: Als in einer Analyse des Textes nur
Salinger genannt wurde, forderte Plenzdorf, „gerechterweise
… auch den Namen Böll" zu nennen.[23] Salingers Roman gehörte zu den zwei Lieblingsbüchern Wibeaus, das andere war
Robinson Crusoe. Salingers Roman, der einzige, mit dem er
einen Durchbruch erzielte und der zu einer Bibel wurde, beschreibt den Protest eines amerikanischen College-Schülers,
der gerade – kurz vor Weihnachten – von der Schule geflogen
ist. Salingers Held Holden Caulfield ist gegen das College-
System und lehnt das amerikanische Alltagsleben ab; er findet
die Welt, die ihn umgibt, verlogen und falsch, menschen-
verachtend und zerstörerisch, die Menschen angepasst und
geistig verkrüppelt. Salinger wurde 1919 in New York geboren; er war von ostasiatischen Religionen, besonders vom Zen-
Buddhismus, beeinflusst. Bis heute lebt er völlig zurückgezo-
gen wie ein Einsiedler auf einer Farm in Cornish, New Hampshire.
Für Wibeau ist der Roman Salingers eine Gelegenheit, sein
Leben als Alternative zu Salinger zu begreifen: „Wenn ich
seine Adresse gehabt hätte, hätte ich ihm geschrieben, er soll
zu uns rüberkommen", denn „erholt hätte er sich hervorragend bei uns" (33), auch wenn Mittenberg nur „ein Nest" gegen New York wäre.

Zwischen den beiden Texten bestehen
nicht nur Ähnlichkeiten, sondern auffällige Beziehungen: Die Erzähl-
situation des siebzehnjährigen Holden Caulfield ist der Edgars
entsprechend, beide sind isoliert. Der eine erzählt und kommentiert aus dem Sanatorium, Edgar aus dem Jenseits. Beide

> Ähnlichkeiten und Beziehungen
> zwischen den beiden Texten

---

23 *Diskussion um Plenzdorf.* In: Sinn und Form. Berlin: Rütten & Loening, 25. Jg., 1973, 1. Heft,
   S. 243

haben, bevor die jeweilige Situation eingetreten ist, die Grenzen der Beziehungen zu Freunden, Schule, Eltern usw. ausgelotet. Sie sind sich im Charakter ähnlich, beide tanzen leidenschaftlich, wobei der Tanz eine Art Befreiung ist, und Holden zeigt ebenso wenig Verständnis oder Interesse für Geschichte wie Edgar.

Salingers Roman war „das Kultbuch der amerikanischen fünfziger Jahre, der frühen Sechziger in Deutschland ..., das Denkmal einer ganzen empfindsam wütenden Generation", wie Reinhard Baumgart (1929–2003) fast ungläubig in einem seiner letzten Aufsätze[24] 2003 feststellte, hatte doch das Buch inzwischen kaum noch etwas von dieser Bedeutung. In der DDR erschien es 1965 in der von Heinrich Böll revidierten Fassung, die der sehr vorsichtigen ersten Übersetzung von 1954 etwas von der ursprünglichen Angriffslust des Buchs zurückgab, aber doch noch vieles unübersetzt bzw. unausgesprochen ließ.

---

24 Reinhard Baumgart: *Ein Menschenfeind, ein Kinderfreund. J. D. Salingers einziger Roman in einer verstörend neuen Übersetzung: Der Fänger im Roggen.* In: DIE ZEIT Nr. 15, 3. April 2003, S. 41 (gemeint ist die neue Übersetzung von E. Schönfeld)

2.2 Inhaltsangabe

Edgar Wibeau, ein siebzehnjähriger Lehrling, ist in einer Wohnlaube in

Edgar Wibeau ist gestorben

Berlin-Lichtenberg an den Folgen eines Unfalls an einem Heiligabend gestorben. Ein Polizeibericht und drei Todesanzeigen informieren zu Beginn des Textes darüber.

Edgars Vater, der die Anzeigen zufällig liest (D 89), geht dem Unfall und seinen Ursachen nach. Er wusste nichts davon, weil er von Sohn und Frau seit zwölf Jahren getrennt lebt und Edgar nichts wissen sollte über seinen „Erzeuger, diesen Schlamper, der soff und der es ewig mit Weibern hatte" (21).

Der Vater sucht zuerst seine Frau, Edgars Mutter, auf. Sie hat Edgar seit Ende September des Todesjahres nicht mehr gesehen. Edgar war bis dahin der beste Lehrling im Betrieb, dessen Leiterin Edgars Mutter ist. Im Gespräch wird deutlich, dass die Mutter ihren Sohn nicht gut kennt, sich besonders um sein Gefühlsleben nicht gekümmert hat. Sie glaubt zum Beispiel, Edgar hätte noch nie etwas mit Mädchen gehabt. – Nun greift Edgar erstmals kommentierend und korrigierend aus dem Jen-

Edgar greift kommentierend aus dem Jenseits ein

seits ein, was danach wiederkehrender Textbestandteil ist. Er ergänzt für den Leser/Zuschauer sein frühestes Liebeserlebnis mit Sylvia. Dabei wird zum ersten Mal auch eine Fähigkeit des toten Wibeau deutlich: Er sieht sich kritisch und ironisiert das Zurückliegende. Sich über die sexuellen Aufklärungsversuche seiner Mutter belustigt zu haben, empfindet er nun als „Sauerei" (11).

Edgar hat im September dem Lehrausbilder Flemming eine Eisenplatte auf den Fuß fallen lassen und den großen Zeh gebrochen. Auslöser war Edgars Zorn – „Jähzorn" steht in der

Stückfassung (D 94) – über die Verstümmelung seines Namens „Wibeau" zu „Wiebau". Es ist ein Hinweis auf private Konflikte Edgars mit seiner Umwelt.

Die nächste Station des Vaters ist Willi Lindner, Edgars Freund. Aus einer Laube in Berlin schickte Edgar Willi Tonbänder mit *Werther*-Zitaten. Willi und Edgars Vater können nichts damit anfangen und Willi glaubt an einen Code. Willi berichtet von künstlerischen Fähigkeiten Edgars: „Text und Melodie" (20) dachte er sich aus, und von der Malerei erzählt er, zu der Edgar kommentierend ergänzt, unbegabt gewesen zu sein. Ein Kunstprofessor bescheinigte ihm allenfalls Begabung als „technischer Zeichner" (25). Doch scheint das ein Irrtum zu sein, denn spätere Betrachter der Bilder Edgars sprechen von Talent und Begabung. Edgars grundsätzlicher Fehler war, dass er seiner Mutter und anderen „nie Ärger machen [wollte]. Ich war überhaupt daran gewöhnt, nie jemand Ärger zu machen." (22)

Edgar ist, nachdem sein Studienplan der Malerei gescheitert ist, in Berlin geblieben. Willi stellte ihm die Laube seiner Eltern zur Verfügung. Kommentierend trägt Edgar seinen Hymnus auf Jeans und Jeansträger vor, erläutert seine Lieblingsbücher (*Robinson Crusoe*, Salingers *Der Fänger im Roggen*) und beschreibt, wie er auf dem „Plumpsklo" (35) „dieses berühmte Buch oder Heft" von Werther fand. Da Titelblatt und Nachwort, „das sowieso kein Aas liest" (35),

Edgar liest den *Werther*

als Klopapier dienten, kennt er Titel und Verfasser nicht. Auch hat er anfangs Mühe, das Buch zu lesen, zwingt sich aber dazu, da er keine andere Lektüre hat und unbedingt lesen will. „Anfangs kriegte ich Krämpfe ... Und in dem ganzen Bestseller keine Rede von Technik. Ein paar Pistolen, eine Kutsche und sonst nur Pferde." (SuF 260)

Für Werthers Selbstmord hat er kein Verständnis; Werther hätte sich Thomas Müntzer anschließen können u. a. Deutlich wird, dass Edgar keine Vorstellungen von Geschichtsabläufen hat und im Übrigen Geschichtsunterricht lieber durch einen Film und nicht durch ein Geschichtsbuch erhält.

Dann erzählt er von der Begegnung mit einem Drehbuchautor und seinem Film. Dahinter verbergen sich Ulrich Plenzdorf und sein Film *Kennen Sie Urban?* (1971), der ebenfalls seinen Stoff aus Zeitungsmeldungen bezogen hat und an dem Plenzdorf nun Selbstkritik übt, die er dem Verhalten des Drehbuchautors einschreibt.

Die nächste Station ist die Begegnung des Vaters mit „Charlie", Edgars Freundin, die inzwischen verheiratete „Frau Schmidt" ist. Charlie ist Kindergärtnerin; der Kindergarten liegt neben Edgars Laube. Die Kinder machen ihn am Morgen frühzeitig wach, denn Edgar wollte eigentlich „bis Mittag pennen" (31). Edgar freundet sich mit ihnen an. Edgars Neigung zu Kindern hat er mit Salingers Holden Caufield gemein; auch der hatte in seinem Kopf eine Gegenwelt errichtet, in der Kinder zu Hause waren. Edgar und die Kinder bemalen eine Wand im Kindergarten; er verliebt sich in Charlie und schneidet von ihr einen Schattenriss.

Edgar schneidet von Charlie einen Schattenriss

Er arbeitet inzwischen wie ein „Außen-Hausmeister" (68) in Charlies Kindergarten, um ihr nahe zu sein. Bei einem Kinderfest wird er ohnmächtig, Charlie ist in Sorge um ihn.

Charlies Verlobter Dieter kommt in Ehren entlassen aus der Armee zurück. Beide besuchen Edgar in seiner Laube; Dieter gibt ihm Hinweise zur Malerei, die den tiefen Gegensatz zwischen beiden andeuten: Dieter ist ganz Traditionalist, Edgar ganz Modernist. Als sie dann in Dieters Zimmer wechseln, kommt es zu einem grundsätzlichen Gespräch zwischen Edgar und Dieter, das Goethes Roman (vgl. Werthers Brief vom 12. August) direkt nachgebildet ist. – Charlie hat Edgar „gemocht" (85).

In seiner Laube findet Edgar Post vor: Die Mutter schlägt ihm vor, nach Hause zu kommen; er hätte auch mehr Freiheiten und könne in einem anderen Betrieb lernen, „Hauptsache, du arbeitest und gammelst nicht" (84). Die Post ging über Willi.

Nächste Station des Vaters ist Addi Berliner, Edgars Brigadeleiter und sein „bester Feind" (86). (In D 123 wird er als „bester Freund" bezeichnet, was auf Edgars ironische Begabung weist.) Da Edgar Geld benötigt, vor allem für Tonbänder, beginnt er, auf dem Bau zu arbeiten. Addi versucht von Beginn an, Edgar zu erziehen, was diesen verärgert. Eine Stütze in der Brigade findet Edgar in Zaremba, einem alten Spanienkämpfer. – Edgar streicht Fensterrahmen vor, proviziert Addi mehrfach, der aber durch gemeinsamen Gesang der Brigade, von Zaremba ausgelöst, besänftigt wird. Dabei werden Arbeiter- und Kampflieder gesungen („Auf, Sozialisten, schließt die Reihen", „Partisanen von Amur", 92 f.). Da Addi und Edgar miteinander „nicht zurechtkamen" (94 f.), bekommt Edgar nun von Zaremba die Aufträge.

Edgar beginnt, auf dem Bau zu arbeiten

In der Brigade wird Edgar mit dem „nebellosen Farbspritzgerät" (NFG) (96) konfrontiert, das entwickelt werden soll. Aber die Entwicklung stockt; Addi droht eine Niederlage. In Edgars *Werther*-Zitat wird jene Phase Werthers genutzt, in der auch dieser sich in einem Beruf übte, darin aber scheiterte (24. Dezember 1771). Zaremba ist der Erste, der auf ein *Werther*-Zitat Edgars reagiert.

Als sich Edgar über einen missglückten Versuch mit dem Farbspritzgerät mit einem *Werther*-Zitat mokiert, es ist eines seiner Lieblingszitate und wird mehrfach eingesetzt (56, 100), wird er aus der Brigade geworfen. Der Vater erfährt, dass Edgar ihn unerkannt – er gab sich als Heizungsmonteur aus – besucht und die Wohnung angesehen hat. (Diese umfangreiche Passage, 102–109, steht nicht in der Zeitschriftenveröffentlichung, aber als 40. Szene in der Dramatisierung, D 136 ff.) Edgar stellt sich in der väterlichen Wohnung ein geordnetes Familienleben vor, das er stets vermisst hat, und macht so einen der Gründe für seinen Ausbruch deutlich.

Er entschließt sich, sein eigenes NFG zu entwickeln. Dazu sammelt er in seiner Kolonie Material und kommentiert

> Edgar will sein eigenes NFG entwickeln

im Nachhinein: „Das war der erste Stein zu meinem Grab." (109 f.) – Die Brigade holt ihn zurück, erfährt aber nichts von seinen Plänen. Edgar bemüht sich um ordentliche Arbeit, setzt keine *Werther*-Zitate – seine „schärfste Waffe" (82) – mehr ein und geht sonnabends mit kegeln, um nicht aufzufallen und sein NFG entwickeln zu können.

Während Edgar mit sich ringt, wieder mit Charlie in Verbindung zu treten, lädt diese Edgar ein. Sie und Dieter

> Charlie und Dieter haben geheiratet

haben inzwischen geheiratet. Edgar reagiert sofort, besucht Charlie und gibt vor, eine Rohrzange von Dieter zu benötigen. Schon am nächsten Tag besucht er sie wieder und spürt Spannungen zwischen Charlie und Dieter.

Charlie und Edgar machen am 22. Dezember, kurz vor Weihnachten und zwei Tage vor Edgars Tod, bei strömendem Regen eine Fahrt mit einem Motorboot, nachdem der Streit zwischen Charlie und Dieter einen Höhepunkt erreicht hatte. Auf einer Insel lieben sie sich: „Es wäre auch nicht anders gegangen." (134) Edgar denkt über das Sterben nach. Der Tod droht bei einem ersten Unfall, als rings um seine Laube ein Bulldozer Bau-

freiheit schafft und ihn beinahe zerquetscht. Der Fahrer ge-
steht ihm noch drei Tage in der Laube zu, „bis nach Weihnachten" (139). Edgar will in dieser Zeit sein NFG zu Ende
führen und dann Berlin verlassen. Willi schreibt ihm, seine

Edgar macht Fehler beim Bau des NFG

Mutter sei zu ihm unterwegs. Nun gerät Edgar in Panik und macht Fehler
beim Bau des NFG: „Ich *musste* einfach anfangen zu pfuschen." (142)

Er baut die Düse aus dem Brigadegerät aus. Zaremba sieht ihn
dabei, „der letzte Mensch, der mich gesehen hat" (144). Als
Edgar sein Gerät montiert hat und einschaltet, stirbt er durch

Edgar stirbt durch einen elektrischen Schlag

einen elektrischen Schlag von 380
Volt; es ist ein Unfall aufgrund einer
dilettantischen Konstruktion. Edgars
Bilder werden mit der Laube vernichtet.

Der Vater erklärt, er sei kein Maler, sondern Statiker, und er
wisse auch jetzt nichts über Edgar (die Passage ist neu in der
Buchfassung): „Ich weiß nichts über ihn, auch jetzt nicht.
Charlie, eine Laube, die nicht mehr steht, Bilder, die es nicht
mehr gibt, und diese Maschine." (148) Das macht deutlich,
dass sich alle voneinander falsche Bilder gemacht haben.

Die Zeitschriftenveröffentlichung endet, indem die Brigade ein
funktionstüchtiges Modell des NFG baut, „es funktionierte auf
Anhieb."(SuF, 310) und man für den toten Edgar ein Patent
eingereicht. Die Buchveröffentlichung ist zurückhaltender:
Addi will Edgars Apparatur weiter verfolgen, er war „da einer
ganz sensationellen Sache auf der Spur" (148). Für ihn war es
ein Fehler, Edgar allein mit seiner Entwicklung zu lassen. Die
Dramatisierung endet: „Er drückt auf den Knopf. Explosion."
(D 152)

2.3 Aufbau

Die Handlungszeit der Binnener-
zählung umfasst drei Monate, vom Ausbruch Edgars aus Mittenberg Ende Sep-

tember bis zu seinem Tod am 24. Dezember; der Text betrifft
einige Tage mehr, denn eine Notiz aus der „Berliner Zeitung"
vom 26. Dezember eröffnet den Text, auch kommentiert Edgar
aus dem Jenseits, also nach seinem Tod. Die Zeitschriften- und
die Buchfassung handeln um 1970, verschiedene Indizien weisen darauf hin (die Diskussion um die „Ausbildung" der Lehrlinge ist ein Rest aus der Urfassung, 14; die Hymne auf die Jeans
und die Ablehnung der „synthetischen Lappen aus der Jumo",
26, deuten auf Silastik und den seit 1969 verkauften Stoff „Präsent
20" u. a.). Die Urfassung spielt nach 1968.

Der **Konflikt** entsteht aus dem Anspruch Edgar Wibeaus auf die
Anerkennung seiner Persönlichkeit, seiner Interessen und seiner
hugenottischen Herkunft einerseits und der Erfüllung des An-
spruchs andererseits. Dass dieser Anspruch beeinträchtigt wird,
hat mittelbar mit den gesellschaftlichen Verhältnissen, unmittelbar
mit dem Fehlverhalten von Erwachsenen zu tun. Der Lehrausbilder Flemming verunstaltet Wibeaus Namen zu Wiebau und löst
damit Edgars Widerstand aus: „Ich meine, jeder Mensch hat
schließlich das Recht, mit seinem richtigen Namen richtig angere-
det zu werden." (14) Edgar ist besonders stolz darauf, dass der
Name ein „alter Hugenottenname" (14) ist. Das weise auf französische Herkunft, protestantische Haltung und klare nüchterne Sach-
kenntnis hin. Im Kommentar nach dem Tod, in größter Freiwillig-
keit und vollständiger Freiheit, übernimmt Edgar alle Schuld: „Hier
hat niemand Schuld, nur ich." (16) Er wollte ein Leben gegen die
Normen mit allen Konsequenzen führen.

Schon in der Urfassung, dann in der Erstveröffentlichung wurde deutlich, dass der Text **verschiedenen Strukturen** verpflichtet war. Es fallen in der Erstveröffentlichung die schnellen Wechsel zwischen fiktivem Dokument (Zeitungsnotiz), kommentarlosen Dialogen, Literaturzitaten und kommentierendem Erzähler, der eine Rollenprosa benutzt, auf. Diese Wechsel zwischen Kommentar- und Handlungsebene, die Dialogtechniken, der Wechsel von Rück- und Vorblenden, die vielen schnellen Schnitte in der Handlung deuten auf den Film hin, auf Plenzdorfs Herkunft von der DEFA und seine Ausbildung zum Dramaturgen. In der Urfassung wurden außerdem Mittel des dokumentarischen Theaters und der Tonbandprotokolle bemüht, die in dieser Zeit zu einem ersten Höhepunkt kamen (Peter Weiss: *Die Ermittlung,* 1965; Hans Magnus Enzensberger: *Das Verhör von Habana,* 1970; Sarah Kirsch: *Die Pantherfrau,* 1973 u. v. a.). Plenzdorfs Stück hat Merkmale der gerade beginnenden Protokollliteratur[25], mit der Schriftsteller die Auswirkungen des sozialen Umfelds auf die individuelle Entwicklung zu prüfen versuchten.

Plenzdorf hat sich immer gewehrt, ein Prosaautor zu sein:

> *„Wenn es hier überhaupt ein Problem gibt, dann das, dass ich nie Prosaautor sein wollte. Ich wollte immer Filmautor sein, das habe ich gelernt, das habe ich studiert. Zur Prosa bin ich gekommen, weil die DEFA meine Projekte nicht machen wollte. Und wenn die Stoffe wirklich produziert wurden, dann nicht so, wie ich sie geschrieben hatte. So habe ich also angefangen, Prosa zu schreiben. Eigentlich gegen meinen Willen."[26]*

> **Plenzdorfs Herkunft von der DEFA**

---

25 Vgl. dazu: Rüdiger Bernhardt: *Männerprotokolle.* In: Weimarer Beiträge. Berlin und Weimar: Aufbau-Verlag, 33. Jg., 1987, Heft 9, S. 1417 ff.; zu Plenzdorf S. 1418

26 *Es gibt kein runter kein fern. Gespräch mit Ulrich Plenzdorf.* In: Junge Welt, Berlin 1990, 13./14. Januar

Die eingebauten *Werther*-Zitate sind als beziehungsvolle Zitate wichtig, weniger wegen ihrer Herkunft, die von Edgar nicht reflektiert wird. Eine „Wertheriade", wie man Variationen des Werther-Stoffes bezeichnet, wurde Plenzdorfs Text nur sehr bedingt. Da Edgar nie erfährt, wie der Autor des *Werther* heißt, wer Werther war und er ihn sich als „Old Werther" aneignet, auch Plenzdorf ihm dieses Wissen nicht zugesteht, hat die Beziehung zu Goethes *Die Leiden des jungen Werther* zwei Funktionen. Zum einen sucht Plenzdorf äußerlich den Vergleich mit dem bekannten Vorbild, um Gemeinsamkeiten und Unterschiede zweier vergleichbar verlaufender Leben auszustellen und gleichzeitig mit einem Goethe-Zitat die dogmatische Klassikkonzeption anzugreifen. Das ist nicht Edgars Absicht, der diese Klassikkonzeption nicht kennt, sondern die Plenzdorfs. Es ist eine frech-amüsante Nutzung, ganz jugendgemäß und respektlos. Zum anderen haben die *Werther*-Zitate eine erzähltechnische Funktion: Edgar kann damit seinen Zustand beschreiben und ihm einen Stellenwert geben, was mit dem eigenen, ohnehin kargen Wortschatz kaum möglich wäre. Im Kleide des poetischen Vorbildes erhöht sich die Bedeutung der Gefühle und Erschütterungen Edgar Wibeaus. Plenzdorf nutzte **vier Elemente aus Goethes Roman**:

1. Edgar schickt seinem Freund Willi Tonbänder mit *Werther*-Zitaten, die als eigene Mitteilungen ausgegeben werden und bei den Hörern auf Unverständnis stoßen. Es sind nur wenige Ausschnitte aus Goethes Roman; sie sind in sich gekürzt, bearbeitet und erscheinen „zufällig" ausgewählt. Sie gruppieren sich um zwei Themen: Zuerst ist es die Beziehung von Arbeit und Freiheit, Freizeit und Erholung, Regel und Natürlichkeit. Zum anderen

eingebaute *Werther*-Zitate

Tonbänder mit *Werther*-Zitaten

gruppieren sich die Zitate um Edgars Liebe zu Charlie und deren Beziehung zu Dieter.

Das erste *Werther*-Zitat (17) stammt vom 16. 6. aus Goethes Roman und betrifft Werthers erste Begegnung mit Lotte, das folgende (18) setzt sich aus zwei Briefen zusammen, die Werthers Hoffnung auf Gegenliebe betreffen. Die beiden nächsten (18) stammen aus dem gleichen Brief und betreffen Charlottes Bräutigam. Es folgt der Abschied von Charlotte (18). Die nächste Botschaft (18 f.) setzt sich aus zwei Briefauszügen zusammen, die chronologisch vertauscht wurden und auch zeitlich eigentlich vor den bisher verwendeten Zitaten liegen: „o meine freunde" stammt in Goethes Roman vom 26. 5., „das alles /wilhelm ..." vom 22. 5. Das letzte Zitat der Tonbänderfolge (19), wieder aus zwei verschiedenen zusammengesetzt, stammt aus dem „Zweiten Buch" von Goethes *Die Leiden des jungen Werther*. Es betrifft indessen nicht Werthers Tod, sondern den Unmut über seine Arbeit.

Aus Werthers Brief vom 26. Mai zitiert Edgar nochmals bei einem Angriff auf Dieter (75 f.), wiederum das Verhältnis von Regel und Natürlichkeit, Ordnung und Genialität betreffend. Manche der Mitteilungen werden nochmals in Edgars Kommentaren verwendet, aber es finden nur wenige Erweiterungen statt, die auffälligste betrifft wieder das Verhältnis von Arbeit und Freiheit (56). Sie wird später geradezu provozierend nochmals eingesetzt.

Figurenkonstellationen

2. Es wiederholen sich die Figurenkonstellationen von Goethes Roman, wobei Plenzdorf bis zur Namensangleichung geht:

Edgar Wibeau – Werther; Charlie („Ich hatte den Namen aus dem blöden Buch," 44; ihren richtigen Namen erfährt der Leser nicht) – Charlotte; Willi – Wilhelm, Dieter – Albert. Der

Figurenkonstellation entsprechen parallele Handlungen (Gespräch zwischen Dieter und Edgar über den Tod, 81 ff.) und vergleichbare Attribute (Pistolen – Luftgewehr)

3. Werther und Edgar sind künstlerisch aktiv, beide malen bzw. versuchen zu malen; beide teilen sich ihren Freunden literarisch mit.

> Werther und Edgar sind künstlerisch aktiv

4. Werther und Edgar schneiden einen Schattenriss der Geliebten, der eine

> Schattenriss der Geliebten

leitmotivische Funktion bekommt. Werther versagt an Lottes Porträt und begnügt sich mit dem Schattenriss; Edgar malt abstrakt, in Charlies Augen „konfuses Zeug" (52), und entschließt sich deshalb zum Schattenriss.

Der Erstveröffentlichung in der Zeitschrift folgte zwei Monate später die Hallenser Uraufführung. Noch im gleichen Jahr inszenierten weitere Bühnen den Text, immer andere Textordnungen verwendend. Darin wirkte sich die **dramatische Struktur** des Textes aus. Sie ist dem analytischen Drama ähnlich. Aber die Suche des Vaters erinnert auch an einen Kriminalroman oder ein Detektivstück.[27] Vom Ende her (einem Todesfall) wird der Anfang aufgerollt, die Handlung wird von einem „Boten aus der Fremde", dem Vater, in Gang ge-

> der Vater als „Bote aus der Fremde"

setzt. Durch seine Nachfragen kommt die Handlung in Bewegung und werden Edgars Kommentare notwendig. Der Leser/Zuschauer folgt Edgars Vater bei seiner Suche von Station zu Station. Da diese Suche keine objektiven Erkenntnisse bringt, denn alle Befragten vermitteln an ihn ihre subjektive Sicht, korrigiert Edgar mit Kommentaren, die wiederum auch nicht objektiv sind. Zwischen beiden subjektiven Meinungen entsteht ein Freiraum, in den der Leser oder Zuschauer seine

---

27 Vgl. dazu: Klatt (*Ulrich Plenzdorf*, 1987), S. 323

Meinung, Erfahrungen und Bewertungen einbringen kann. Das ist eine der Ursachen des Erfolges, den Stück und Roman hatten. Er ist ästhetischer, aber vor allem soziologischer Art: Edgars Schicksal ist bis heute wiederholbar.

Da sich der Aufbau des Werkes schwer mit den gewohnten Strukturen beschreiben lässt und selbst die dramatische Struktur, wie anschließend gezeigt wird, eine Zusammenfügung unterschiedlichster Möglichkeiten ist, soll auf eine Besonderheit hingewiesen werden: Der Aufbau des Textes ist von bestimmten Wortfolgen abhängig. Entscheidende Wörter dafür sind „Das stimmt." (12) in vielen Varianten und „Ich weiß nicht" (108 f.). Sie durchziehen, einander ablösend, den gesamten Text: Die anfängliche Sicherheit Edgars geht zunehmend verloren und schlägt in das Gegenteil um. Das führt auch zur Veränderung in der Bewertung Werthers. Erscheint er Edgar anfangs fast „völlig verblödet" (36), weil er Charlotte nicht nahm, „verstand" (147) ihn Edgar schließlich. Der Übergang vollzieht sich durch die Liebesgeschichte („Ich hatte nie im Leben gedacht, dass ich diesen Werther mal so begreifen würde.", 124). Eine einzige Wortfolge bleibt im Text durchgängig fest und unvariiert. Sie ist Ausdruck ständiger Unsicherheit und fortwährendem Selbstzweifels Edgars. Es ist die fast inflationistisch verwendete Folge „Ich Idiot" (von 23 bis 147 durchgehend zu finden).

Dramatischer Aufbau der Stückfassung:

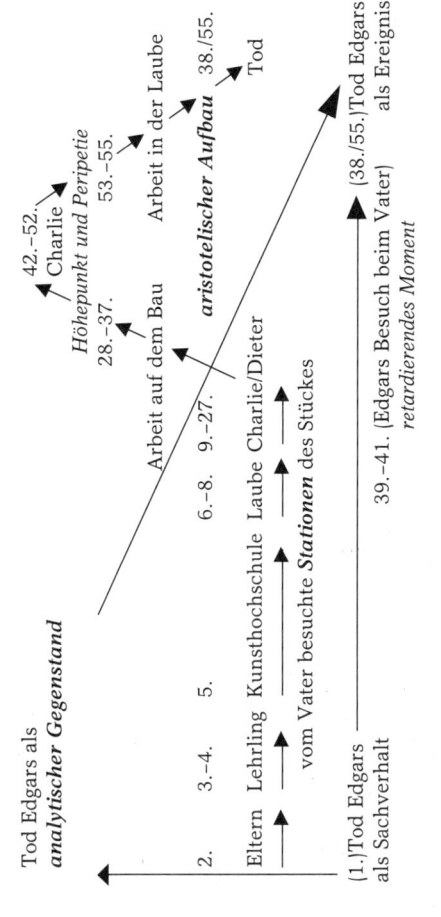

Die dramatische Struktur mischt die Schnitte des Filmes (Stationen), in der ersten Hälfte verwendet, mit einem aristotelischen Aufbau (Dramendreieck), der sich anschließt. Jeder Dialog, der sich real vollziehen könnte, wird durch einen Kommentar ergänzt, der märchen- oder legendenhaft ist, denn er wird von einem Toten gegeben. Der Aufbau des Textes folgt einem historischen Ablauf der Handlung, die zu Beginn des Textes bereits vollendet ist. Ihr wichtigster Beteiligter, Edgar Wibeau, ist tot.

Im Wesentlichen zusammengehalten werden die verschiedenen sprachlichen Ebenen und die unterschiedlichen Strukturen durch Edgars inneren Monolog, in dem alle Menschen durch sein Temperament gesehen werden.

Die gegenüber der Zeitschriftenveröffentlichung veränderte **Buchfassung** 1973 wies den Text schließlich als Prosa aus. Die Veränderung betraf mehrere Erweiterungen, wenige Kürzungen und den Schluss. Gegen Schluss der Zeitschriftenfassung heißt es, nachdem Edgar Wibeaus Erfindung nachgebaut wurde: „Es funktionierte auf Anhieb." (SuF 310)

Es treffen sich verschiedene Gattungen in dem Text, der aber hauptsächlich filmisch-dramatische Qualitäten hat, die in den visuellen Anteilen an der Handlung (Annoncen, Bildbeschreibungen, Raumgestaltung in Charlies Kindergarten usw.), in den Dialoganteilen, die alle auf Regieanmerkungen verzichten und auf das Szenarium weisen, und im schnellen Wechsel zwischen Handlung und Kommentar deutlich werden. Es fällt dem Leser der Prosa nicht leicht, die Dialogpartner zu erkennen.

Plenzdorfs Stück/Roman/Text ist das eindrucksvolle Beispiel

freizügiger Umgang mit vielen Gattungsmerkmalen

dafür, wie durch den freizügigen Umgang mit vielen Gattungsmerkmalen ein außergewöhnlicher Text entstanden ist. Formalästhetisch ist ihm kaum beizukommen, weil er nicht eindeutig für eine Gattung in Anspruch zu nehmen ist. Seine Wirkung ergibt sich demnach nicht aus einer formalen Perfektion, sondern aus seiner inhaltlich-thematischen Ausrichtung. Dabei stritt man sich auch innerhalb der Gattung: Wer sich etwa für „Bühnenstück" oder „Schauspiel" entschieden hatte, durfte danach zwischen Tragödie und Komödie wählen. Beide Deutungen wurden vorgenommen.[28] Dabei wurde die komödiantische Deutung bevorzugt und aus der Ironie erklärt, mit der Wibeau sich, seine Erlebnisse und seinen Tod aus dem Jenseits kommentiere. Diese Ironie wird von Beginn der Kommentare an eingesetzt (10). Hördokumente weisen das Stück deutlich als Komödie aus.

---

28 Vgl. dazu Wilhelm Girnus. *Sinn und Form* 1973, 6. Heft, S. 1278

2.4 Personenkonstellation und Charakteristiken

Bei diesem Abschnitt muss berücksichtigt werden, dass alle Figuren, die mit Edgar in Beziehung stehen, die von ihm mitgeteilten Eigenschaften besitzen; sie existieren nicht als gleichberechtigte Figuren neben Edgar, sondern – mit Ausnahme der wenigen von ihnen geführten Gespräche – nur aus seiner Beschreibung. Die Aufführung Christoph Schroths an der Volksbühne (Berlin) 1972 berücksichtigte das und ließ nur Edgar auftreten, während alle anderen Personen per Monitor erschienen.

Edgar Wibeau
ist siebzehn, begeistert von Jazz und Jeans und protestiert gegen die fehlende Familie, überholte Arbeitsmethoden (Lehrmeister) und regulierende Ordnungen und Normen. Er setzt

Natürlichkeit gegen Normen

Natürlichkeit dagegen; darin liegt seine größte Ähnlichkeit mit Werther. Werthers Bemerkung über Regel und Natürlichkeit (75 f.) bekommt eine zentrale Stellung im Text. Das 3. Lehrjahr hat für Edgar gerade begonnen. In der Schule gibt es keine Schwierigkeiten; nur Aufsätze über Vorbilder stören ihn. Trotzdem verletzt Edgar den Lehrmeister, schmeißt die Lehre, flüchtet nach Berlin, ohne sich dort anzumelden, lebt in einer Gartenlaube, auf einer Art „Insel", *Robinson Crusoe* ist eines der beiden Lieblingsbücher von ihm. Er ist Pazifist, wenn es um die Wehrpflicht geht, aber als Gegner des Vietnamkrieges durchaus zum Kampf bereit.

Entscheidung für die Einsamkeit

Die Entscheidung für die Einsamkeit hat er frühzeitig getroffen; er „hat die Lehre geschmissen und ist von zu Hause weg, *weil er das schon lange vorhatte"* (Hervorhebung von Edgar, 16). Bezieht man das auf einen Siebzehnjährigen, haben privat-familiäre Gründe die Entscheidung etwa zum Zeitpunkt des Übergangs von der Schule in die Lehre bestimmt. Seine Entscheidung wird drei Jahre zuvor, mit dem „Bluejeans-Song" (29), gefallen sein. Edgars Freund Willi bestätigt oder verneint das nicht (21), sieht aber einen weiteren Grund darin, dass Edgar Maler werden wollte. Edgars Vater verließ die Familie, als der Sohn fünf Jahre war; die Mutter ist eine karrierebewusste, strenge Frau, die ihr Kind nach den von ihr vertretenen Normen erzieht und es zum nachahmenswerten Beispiel machen möchte. Edgar bestätigt diese private Ursache seiner Entscheidung: „Ich hatte einfach genug davon, als lebender Beweis dafür rumzulaufen, dass man einen Jungen auch *sehr* gut ohne Vater erziehen kann. Das sollte es doch sein." (23)

Er ist Holden Caulfield (aus Salingers *Der Fänger im Roggen*) ähnlich. Wibeau war der erste Anti-Held in der DDR-Literatur; das begeisterte viele Leser und Zuschauer (vgl.

> der erste Anti-Held in der DDR-Literatur

Hermlin, S. 83 dieser Erläuterung). Damit bediente er ein verbreitetes Erfahrungsmuster außerhalb aller konkreten Gesellschaften, das Muster des „Hans im Glück" oder des „tumben Toren" oder des dümmlichen jüngsten Königssohnes, die ihr Glück und ihre Liebe suchen, indem sie sich aus der Welt der Erfahrungen der Erwachsenen lösen und dabei glücklos werden, auch untergehen.

Edgar als Anti-Held stand jedoch nicht außerhalb der Gesellschaft, sondern hat sich zeitweise isoliert. Dass er weiter dazu gehörte, wird in den Anzeigen zu Beginn des Textes deutlich. AGL, Berufsschule und FDJ beklagen in Mittenberg und Berlin seinen Tod, undenkbar für einen, den man nicht mehr als zugehörig empfunden hätte.

Edgar denkt in Ordnungen, für die er wie Versatzstücke Namenslisten einsetzt: für klassische Musik „Händelsohn Bacholdy" (26), für Jazz und Rock „Old Lenz und Uschi Brüning" (60), für den Kommunismus „Marx, Engels, Lenin" (80), für einen wertvollen Menschen „Schiller und Goethe und die" (87) u. v. a.

Der Vater Wibeau

soll Maler sein; er malt Bilder, „die kein Mensch verstand" (21). (Im Stück beschreibt er, dass er sich als Maler ausgegeben habe, ohne einer zu sein, D 98 und 111.) Edgar ist verwundert, dass er in der Wohnung des Vaters, der ihn nicht erkennt, keine Bilder sieht. Am Ende erklärt der Vater: „Ich bin nicht Maler. Ich war nie Maler. Ich bin Statiker." (148) Er ist 36 Jahre (D 90), hat die Familie vor 12 Jahren verlassen. Er wohnt in einem Appartement, trägt Jeans, erscheint jünger und hat eine Geliebte, die Charlie ähnlich sieht. Im Text hat er nur eine Funktion: Er löst die Nachforschungen aus und ermöglicht

Er löst die Nachforschungen aus

dadurch die Handlung. Er ist für seine Frau ein Säufer und Weiberheld, „der schwarze Mann von Mittenberg" (21).
In der Stückfassung beschreibt er sich in einer interessanten Variante: „Was ist man mit neunzehn für ein Vater ... Ich war auch immer ziemlich froh, dass ich aus dieser Sache mit seiner Mutter so glimpflich rausgekommen bin, sie war fast zehn Jahre älter als ich. Heute bin ich so gut wie überzeugt, sie wollte nur das Kind ..." (D 111).

Die Mutter Else Wibeau

Betriebsleiterin des VEB (K) Hydraulik Mittenberg

ist Betriebsleiterin des VEB (K) Hydraulik Mittenberg. Das verlangt von ihr ein möglichst konfliktloses Privatleben. Sie ist ca. 40 Jahre (D 90) bzw. 45 (D 111). Dass ihr Mann, angeblich ein Trinker und Weiberheld, von ihr getrennt lebt, ist anstößig genug. Dagegen entspricht ihr Sohn Edgar den Wünschen, sie kann mit ihm sogar beweisen, „einen Jungen auch *sehr* gut ohne Vater" (23) erzogen zu haben. Das Bild zerbricht, als Edgar, angeregt durch neue Anforderungen an die Lehrlinge, aus dem unauffälligen Verhalten ausbricht und unübersehbar auffällig wird. – Sie geht in ihrem Betrieb auf; andere Interessen hat sie kaum. So stellt sie sich gegen Edgars Malinteressen, er solle „erst einen ‚ordentlichen Beruf' haben" (20) und empfindet später Edgars *Werther*-Zitate als „merkwürdige Texte. So geschwollen" (9). Ihr Maßstab für Menschen ist, ob sie arbeiten. Wer nicht arbeitet, „gammelt" (10).

Charlotte (Charlie) Schmidt
heißt eigentlich nicht Charlotte, sondern wurde von Edgar nach Goethes Romangestalt so genannt. Sie ist Kindergärtnerin und verlobt mit Dieter, der nach seinem

> Sie ist Kindergärtnerin und verlobt mit Dieter

mehrjährigen Dienst in der NVA mit einem Germanistikstudium („Also Lehrer für Deutsch", SuF 285) beginnt. Sie erscheint als zuverlässige Ehe- und Hausfrau, ist aber andererseits von einer ähnlichen Ausbruchsstimmung geprägt wie Edgar. Diese schlägt einmal in die Tat um, als sie – schon mit Dieter verheiratet – mit Edgar schläft. Ob sie Edgar liebte, bleibt unklar; möglicherweise hat er sie auch mit seinen Besonderheiten fasziniert.

Willi Lindner
ist Edgars „bester Kumpel" (17), ein „Steher" (28). Er hat Edgar zu der Laube verholfen. An ihn schickt er seine Tonband-

protokolle, ihn hätte er zum Alleinerben gemacht, falls er ein Testament hinterlassen hätte. Willi ist der Vermittler zwischen Mittenberg und Berlin; er hält die Handlung in Bewegung, indem er das ihm zur Verfügung stehende Wissen (Aufenthaltsort Edgars usw.) dosiert weitergibt.

Zaremba

ist „edel" (28), allein durch seine „Jeans, mit Bauch und Hosenträgern" (28). (An anderer Stelle besteht er „nur aus Haut, Knochen und Muskeln", 89). Er ist über 70, aber „rackerte hier noch rum" (89). Er hat im Spanischen Bürgerkrieg ein Auge verloren, ist „überall mit fortschrittlichen Symbolen tätowiert" (D 125), darunter Hammer und Sichel, und singt zur Beruhigung des Brigadeführers mit der Brigade Arbeiter- und Kampflieder. Er bringt Ruhe, Weisheit und Gemeinsamkeit in die Brigade. Arbeit ist sein Lebensinhalt, auch ist er Kassierer der

Arbeit ist sein Lebensinhalt

Gewerkschaftsgruppe. Er ist für Edgar neben dem Freund Willi Vertrauensperson und wird zum Vaterersatz.

2.5 Sachliche und sprachliche Erläuterungen

Titel: Der Titel sucht die Ähnlichkeit mit Goethes *Die Leiden des jungen Werther*, lässt aber auch Unterschiede erkennen. Es sind „neue" Leiden und es ist „W.", nicht Werther. – Der Text verzichtet auf eine Gattungsbezeichnung, die schwer zu wählen wäre. Er hat den Charakter eines Szenariums, eines Bühnenstücks, eines Romans und wird im Programmheft der Uraufführung als „Filmerzählung" bezeichnet.

Berliner Zeitung (7): Verbreitete Tageszeitung (BZ)

24. Dezember (7): Weihnachtsfest und Heiligabend sind beliebte Daten für die Literatur. Sie werden besonders dann benutzt, wenn der Gegensatz zwischen Erwartungshaltung und Wirklichkeit sehr groß ist, wenn statt Freude und Harmonie Zerstörung und Zerrüttung eintreten. Goethes Werther erschießt sich zwei Tage vor Weihnachten. Auch Salingers *Der Fänger im Roggen* spielt wenige Tage vor Weihnachten. Weitere Beispiele sind Henrik Ibsens *Nora. Ein Puppenheim* (1879), das den Zerfall einer Ehe in der Weihnachtszeit zeigt; Gerhart Hauptmanns *Das Friedensfest. Eine Familienkatastrophe* (1890) zeigt den Zerfall einer Familie, Heinrich Bölls *Nicht nur zur Weihnachtszeit* (1951) die Austauschbarkeit von Gefühlen, menschlichen Bindungen und Situationen usw.

Lichtenberg (7): bekannter, dicht besiedelter Berliner östlicher Stadtteil; dort befand sich ein bedeutender Verkehrsknotenpunkt (Bahnhof-Lichtenberg). Die meisten Züge von und nach Berlin (DDR) berührten den Bahnhof.

VEB (7): Abk. für volkseigene Betriebe; im Zuge der wirtschaftlichen Umgestaltung nach 1945 geschaffen. Der Rechtsform nach waren sie juristische Personen; sie waren verwaltungsmäßig einer VVB (Vereinigung volkseigener Betriebe) oder einem zuständigen Ministerium unterstellt.

AGL (7): Abteilungsgewerkschaftsleitung in Betrieben mit mehr als 500 Gewerkschaftsmitgliedern.

FDJ (7): Abk. für Freie Deutsche Jugend, als Massenorganisation der Jugendlichen (ab 14 Jahre) gegründet am 7. März 1946 und seit 1948 im Weltbund der Demokratischen Jugend.

„Volkswacht" (8): Bezirkszeitung der SED und führende Zeitung im Bezirk Frankfurt/Oder.

VEB (K) (8): Abk. für volkseigene Betriebe der örtlichen Wirtschaft, gebildet 1951; sie waren kommunalen Leitungen unterstellt und oft kleinere Betriebe.

Manufakturperiode (13): Frühkapitalistische Produktion im Handbetrieb; der Begriff ist ein Rest des Konfliktes in der Urfassung: Während die Lehrlinge auf eine neue Periode der Industrialisierung vorbereitet werden sollen, drillt sie der Lehrmeister mit Handanfertigung.

Wibeau (14): Der Name ist französischer Herkunft und wird als Hugenottenname erklärt. Edgar ist darauf sehr stolz: Die Verunglimpfung des Namens löst die lange geplante Flucht in die Einsamkeit aus. Im Namen steckt „Beau", womit spöttisch ein Schönling bezeichnet wird.

Hugenottenname (14): Im 17. Jahrhundert flohen Hunderttausende französischer Protestanten, die man als Hugenotten bezeichnete, in die Schweiz, nach England und Deutschland. Sie galten als die fleißigsten und wohlhabendsten Bürger Frankreichs (Offiziere, Gelehrte, Kaufleute, Handwerker) und waren besonders für Preußen, wohin 20 000 gingen, ein großer Gewinn. Sie führten die Seidenraupenzucht und die Kerzenfabrikation ein. Eine der berühmtesten Familien war die Theodor Fontanes.

Selbstkritik (15): Kritik und Selbstkritik gelten im Marxismus als Methode der Lösung von Widersprüchen; damit sollen

Hemmnisse bei gegenseitigen Beziehungen, aber auch in der wirtschaftlichen Entwicklung erkannt und beseitigt werden. Die Selbstkritik ist die freiwillige Darlegung von Mängeln und Schwächen gegenüber der Gemeinschaft. Gerade das lehnt Edgar ab: Selbstkritik, „öffentliche. Das ist irgendwie entwürdigend." (15)

über den Jordan (16): sterben; eigentlich: in ein anderes Reich eintreten. Nach dem AT, Josua 3, 9 ff., bleiben die Wasser des Jordan stehen und öffnen einen Durchgang für das Volk Israels und die mitgeführte Bundeslade.

Reclamheft (19): Bekannter Verlag in Leipzig seit 1867, der wichtige Titel in seiner „Universal-Bibliothek" preiswert druckt. Der nach 1945 auch in Stuttgart existierende Verlag gleichen Namens ist nicht gemeint, da seine Titel in der DDR nicht vertrieben wurden.

DIN A 2 (20): Abk. für „Deutsche Industrienorm", A 2 ist ein Papierformat von ca. 84 x 118 cm, für Malversuche ein großes Format.

Miniröcke (22): 1967 kam die Minimode auf, in der Mädchen Röcke trugen, die kaum die Scham bedeckten und beim Bücken freizügige Einblicke boten.

Rupfenjacke (26): aus Rupfenleinwand, ein derbes Gewebe für Säcke und anderes.

Jeans (26): Einerseits galten echte Jeans als Zeichen, dass man Beziehungen in die BRD hatte und mit dem „Klassenfeind" in Beziehung stand; andererseits produzierte die DDR selbst Jeans (Marke „Wisent"), die Plenzdorf für beachtlich hielt. Schließlich hatte Literatur (Seyppel, s. S. 24 dieser Erläuterung) dafür gesorgt, dass „Bluejeans" auch Ausdruck des Protestes gegen den amerikanischen way of life wurden. – Es ist eine beziehungsreiche Hymne, die Edgar hier vorträgt. Sie wird dadurch verwirrender und komplizierter, dass sein Vorbild, der Kommunist Zaremba, für ihn ein „edler" Jeansträger ist.

Jumo (26): Abkürzung für „Jugendmode", eine Ladenkette, in der bevorzugt für Jugendliche Kleidung modern und preiswert verkauft wurde.

tiffig (26): anstößig, ärgerlich, auch: ärmlich (engl.: tiff = Ärger, Zank).

die schönste Sache (26): Gemeinhin wird darunter Geschlechtsverkehr verstanden; wird als Titel von TV-Erotik-Reihen verwendet.

Händelsohn Bacholdy (26): Zusammenziehung aus Georg Friedrich Händel, Johann Sebastian Bach und Felix Mendelssohn-Bartholdy. In den sechziger Jahren wurde die Erbepflege in der Musik, besonders Bachs (1685–1750), Händels (1685–1759) und Mendelssohn-Bartholdys (1809–1847), intensiv politisch akzentuiert und popularisiert, etwa durch preisgünstige Schallplatten. Auch wurden zu Jubiläen Thesen veröffentlicht, die unter Titeln wie „Bach-Händel-Schütz-Ehrung" usw. standen. Das führte zu der verbreiteten Verballhornung, die Edgar benutzt.

Plünnen und Rapeiken (29): norddt. und pommersch für „alte Kleider".

Clou (29): franz.: Glanzpunkt.

Bluejeans-Song (29/30): Edgars Song korrespondiert mit zwei literarischen Vorlagen. Joachim Seyppel hatte in dieser Zeit einen Roman *Columbus bluejeans oder Das Reich der falschen Bilder* (München 1965, Berlin und Weimar 1967) veröffentlicht; darin wird die ernüchternde Suche des jungen Helden Toffel Orff, durch Einkleidung zu Columbus Blue Jeans geworden, nach dem amerikanischen way of life beschrieben, er findet den Zusammenbruch der Ideale. Zum anderen ähnelt der Text den Songs Louis Armstrongs, die in den sechziger Jahren in der DDR weit verbreitet waren. Edgar sucht die Ähnlichkeit mit Armstrong, „in *seinem* Stil" eben.

Satchmo (30): Der schwarze Trompeter und Sänger Louis Daniel „Satchmo" Armstrong (1900–1971) gilt als der „King of Jazz".

Robinson Crusoe (30): *Leben und seltsame, überraschende Abenteuer des Seefahrers Robinson Crusoe* (1719), englischer Abenteuerroman von Daniel Defoe (1659–1731) und – wahrscheinlich Edgars Lektüre – als *Robinson Crusoe. Erzählung für die Jugend* (1779) von Joachim Heinrich Campe (1746–1818).

Hugenottenmuseum (31): Das Museum befindet sich im Turm des Französischen Domes am Gendarmenmarkt (zur Zeit der Romanhandlung „Platz der Akademie").

Hasch, Opium (31): Rauschgifte, die es in der DDR nicht gab; deshalb nehmen Willi und Edgar getrocknete Bananenschalen als Ersatz, sie kommen aber nie wieder auf solchen „Mist" (32) zurück. Der Text (31 f.) fehlt in der Zeitschriftenveröffentlichung.

Salinger (33): Vgl. S. 25 dieser Erläuterung. Sein Roman *Der Fänger im Roggen* war 1965 im internationalen Verlag Volk und Welt in der DDR erschienen.

Werther (36): Edgar liest Goethes *Die neuen Leiden des jungen Werther* (1787) in einer Ausgabe des Reclam-Verlages Leipzig. Werthers Tod ist ihm unverständlich, „Dem war nicht zu helfen" (36).

Thomas Müntzer (37): Zwischen *Werther* und Müntzer liegen fast 300 Jahre; für Edgar ist alles, was vor seiner Zeit liegt, „damals". Thomas Müntzer (1489–1525) war neben Luther der bedeutendste Theoretiker der Reformationszeit. Er war der

Verfasser revolutionärer Streitschriften für eine sozial-ethische Auffassung vom Gemeingut. Er wurde mit seinem Bauernheer bei Frankenhausen geschlagen, gefangen genommen und hingerichtet.

vor drei Jahrhunderten (37): Weiterer Hinweis auf Edgars unsichere und ungenaue Geschichtskenntnisse. Die Zeitangabe passt weder zu Goethes *Werther* noch zu Thomas Müntzer.

Chaplin (38): Charles (Charlie) Spencer Chaplin (1889–1977), 1975 geadelt (Sir); englischer Filmschauspieler, Autor, Regisseur und Produzent. Er wurde durch seine hintergründige Komik bekannt; seine Kennzeichen waren schwarze Melone und Stöckchen.

Sidney Poitier (38): Farbiger amerikanischer Filmschauspieler, der 1955 berühmt wurde mit dem Film *The blackboard jungle (Die Saat der Gewalt)*. Edgar kennt ihn unter dem Titel *Junge Dornen*. Was Edgar an dem Film zusätzlich zur Handlung begeistert haben dürfte – „Den hätte ich mir jeden Tag ansehen können." (38) – war der Einsatz einer erregenden Rock-Musik.

der Mann schrieb die Bücher (39): Gemeint ist der Drehbuchautor oder Szenarist, gleichzeitig ist das ein Hinweis auf Plenzdorf selbst. Die Passage (37–43) fehlt in der Zeitschriftenveröffentlichung und ist erst in die Buchfassung aufgenommen worden; der von Edgar beschriebene Film ist Ulrich Plenzdorfs *Kennen Sie Urban?* von 1971 (Regie: Ingrid Meyer-Reschke).

M.S.-Jungs (40): gemeint ist die „Meißen-Stern-Combo". Sie wurde 1963 als Tanzkapelle gegründet und kam in der zweiten Hälfte der sechziger Jahre zu legendärem Ruhm, als sie sich der Rock-Musik verschrieb.

Es ging um so einen Typ (40): Der geschilderte Inhalt ist bis ins Detail übereinstimmend mit Plenzdorfs *Kennen Sie Urban?* (1971). Rudi Werion schrieb dazu die Musik.

Agitator (40): In allen Leitungen und in allen Organisationen, von den Jungen Pionieren über die FDJ bis zur SED und den anderen Parteien, gab es die Funktion des „Agitators"; er hatte die Beschlüsse von Staat und Parteien in seinem Bereich zu erklären.

Brigade, Brigadier (40): Kleinste Organisationsform und ihr Leiter im Arbeitsprozess, nicht unter Angestellten. Die Brigaden standen untereinander im Wettbewerb (Brigadewettbewerb). Die Brigade verbrachte auch die Freizeit teilweise gemeinsam (Edgars Brigade geht kegeln!) und führte darüber „Brigadetagebücher", aus denen einzelne bekannte Kunstwerke („Deubener Blätter" I–III) entstanden (Brigadeausflug, Brigadefeiern, Brigadenachmittag, Brigadetreffen usw.). Die Brigaden bemühten sich auch um Ehrennamen wie „Brigade ,Anna Seghers'" usw.

das schönste Fresko (50): ital. fresco = frisch; auf frischen, noch feuchten Putz aufgetragene Malerei.

Kolchose (51): russ.: kolchos = Kollektivwirtschaft im Unterschied zur Sowchose (Staatsbetrieb). – Umgangssprachlich verwendet für „abgelegener ländlicher, auch rückständiger Ort".

Das hatte ich direkt aus dem Buch (51): Unterschiedliche Stellung gegenüber Zeitschriftenveröffentlichung. Offenkundig Druckfehler, denn der Satz leitet den nächsten Abschnitt „Dadurch war ich erst ..." ein und ergibt nur dort Sinn. Vgl. Text (17).

Schattenriss (52): Zur Goethe-Zeit waren Schattenrisse das entscheidende Material für die Beurteilung des Menschen; man meinte, in einem schönen Profil komme eine schöne Seele zum Ausdruck. Es war eine beliebte Beschäftigung, sich gegenseitig zu schneiden und die Schattenrisse als Zeichen von Freundschaft und Vertrautheit einander zu schenken. Werther versagt wie Edgar als Maler, nicht aber beim Schattenriss. Lottes Schattenriss begleitet Werther bis zuletzt und wird zum Symbol seiner Leidenschaft.

kregel (52): norddt.: für gesund, munter.

firnissen (55): Mit einem schnell trocknenden Schutzanstrich (Firnis) versehen.

SOK, Petrowski, Old Lenz, Uschi Brüning (60): Bands und Solisten der Rockmusik in der DDR, das Orchester Klaus Lenz spielte 1967 z. B. als Erfolgstitel „Der Minirock". Die umfangreiche Passage (60–63) über Jazz war in der Zeitschriftenveröffentlichung nicht vorhanden.

Ella Fitzgerald (60): afroamerikanische Jazzsängerin, geb. 1918. Vielseitig bis zur Armstrong-Ähnlichkeit.

Variante drei (65): Die Variante drei bedeutete, dass Edgar arbeitet. Sie hatte ursprünglich schon früher in dem Text eine Rolle gespielt, war aber nicht in die Buchfassung übernommen worden (SuF 259; s. S. 63 dieser Erläuterung).

Kumpels und Arbeit (66): In dem Bekenntnis Edgars zu gemeinsamer Arbeit wird erkennbar, dass er seinen Ausbruch allmählich als Fehler ansieht. Damals war er „so weit ... noch nicht" (66). Er weiß nach seinem Tod, dass Arbeit allein ihm sein Menschsein möglich gemacht hätte.

popte es noch (66): gefiel es noch, machte noch Spaß; abgeleitet von Pop-Art, Pop-Musik usw. Edgar gefällt sein Einsiedlerdasein noch; erst im Nachhinein erkennt er, dass er mit seiner Isolation einen Fehler gemacht hat.

Ein Idyll (66): Vergleichbare Szenen gibt es mehrere in Goethes *Die Leiden des jungen Werther*, z. B. wenn Charlotte für ihre Geschwister Brot schneidet.

Innendienstleiter (73): Dienststellung in der NVA, umgangssprachlich „Spieß" genannt. Er war verantwortlich für die innere Ordnung (Verpflegung, Urlaub usw.) einer Kompanie/Batterie.

Bismarck (74): Otto von Bismarck (1815–1898) war erster Kanzler des Deutschen Reiches von 1871 bis 1890. Für Edgar ist Bismarck lediglich der Begriff für Repräsentation, Strenge und Würde.

Vietnambilder (77): Edgar hat wenig Lust, der Wehrpflicht (18 Monate) nachzukommen. Aber Vietnambilder bringen ihn in Wut, und er hätte sich im Kampf gegen die USA als Berufssoldat verpflichtet. Seit 1964 führten die USA einen barbarischen Krieg gegen die Volksrepublik Vietnam, der weltweit zu Protestaktionen führte. 1975 endete dieser Krieg mit der Niederlage der USA. Bilder von den Verbrechen der USA, die Giftgas und andere geächtete Waffen einsetzen, gingen um die Welt.

Hygieneinspektion (79): Staatliches Organ der DDR, das die Einhaltung der Gesetze auf dem Gebiet der Hygiene kontrollierte.

Old Goghs Sonnenblumen (79): Vincent van Gogh (1853–1890) malte seit 1889 Bilder von großer Leuchtkraft, darunter das berühmte Bild *Sonnenblumen*.

Paar am Strand (79): *Am Strand* (1962) ist ein bekanntes Bild von Walter Womacka (geb. 1925), das als Reproduktion verbreitet war. Es hängt in der Gemäldegalerie Neue Meister (Dresden).

Marx, Engels, Lenin (80): Karl Marx (1818–1883) und Friedrich Engels (1820–1895) waren die geistigen Väter des Sozialismus; sie waren u. a. Verfasser des „Manifests der Kommunistischen Partei" (1848). Wladimir Iljitsch Lenin, eigentlich Uljanow (1870–1924), gründete die KPdSU (Bolschewiki) und mit der Partei die Sowjetunion. Die Köpfe der drei im Profil befanden sich auf dem Titelblatt einer Buchreihe, in der ihre wichtigsten Werke veröffentlicht wurden. Ursprünglich befand sich auf dem Titelblatt dieser Reihe noch Stalin; er wurde nach 1956 entfernt.

Kommunismus (80): Die klassenlose Gesellschaft, in der die Ausbeutung beseitigt sein sollte. Edgar stimmt mit den Prinzipien der gesellschaftlichen Utopie überein („Kein einigermaßen intelligenter Mensch kann heute was gegen den Kommunismus haben." 80 f.), sein Widerspruch richtet sich gegen die Wirklichkeit, die alles „nach der Größe ordnet". Durch Erweiterungen gegenüber der Zeitschriftenveröffentlichung wird dieser Gedanke ausgebaut.

Dieters Luftgewehr (81): Weist auf Goethes *Die Leiden des jungen Werther*, wo sich Werther für Alberts Pistolen interessiert und sie ausleiht; mit einer davon erschießt er sich. Edgars Gespräch mit Dieter über die ungeladenen Pistolen entspricht einem Gespräch zwischen Werther und Albert (vom 12. August in Goethes Briefroman). Edgars Werther-Zitat, das sich anschließt, stammt aus diesem Gespräch.

Dieter voll getroffen (82): Edgar hat Dieter nicht nur zum Nachdenken gebracht, sondern ihn, den zukünftigen Germanisten, mit einem Zitat konfrontiert, das er hätte kennen sollen oder sogar müssen, zumal sich in diesem Zitat der Titel eines der berühmtesten Gedichte Goethes verbirgt:

Grenzen der Menschheit (82): Goethes Gedicht *Grenzen der Menschheit* (1781) beschreibt die Beschränktheit menschlichen Lebens gegenüber der Unendlichkeit der Götter, aber die menschlichen Grenzen heben sich auf: „viele Geschlechter / Reihen sich dauernd / An ihres Daseins / Unendliche Kette."

Germanistik (85): Es gab zwei Arten des Studiums, einmal die klassische Germanistik, für die wenige Studenten zugelassen wurden, und Germanistik als Lehrer-Studium, was die Regel war. Während es in der Zeitschriftenveröffentlichung „Germanistik. Also Lehrer für Deutsch" (SuF 285) hieß, ist es später „Germanistik" (85). Als freiwillig länger Dienender der

NVA wurde Dieter, wenn er entsprechende Leistungen hatte, bei der Zulassung zur klassischen Germanistik bevorzugt.

Schiller und Goethe (87): Johann Wolfgang von Goethe (1749–1832) und Friedrich von Schiller (1759–1805) sind Repräsentanten der klassischen deutschen Literatur. Auffallend und interessant ist, dass Edgar bei der Nennung Goethes mit keinem Wort auf dessen *Werther* verweist, also tatsächlich den Verfasser seines Reclam-Heftes nicht kennt.

Glöckner von Notre-Dame (89): Eine erschreckend hässliche Figur aus Victor Hugos (1802–1885) Roman *Nôtre-Dame de Paris* (dt. 1831). Die Gestalt wurde durch Verfilmungen bekannt.

Glasauge in Spanien eingehandelt (89): Gemeint ist der Spanische Bürgerkrieg 1936–39. Der von Franco ausgelöste Putsch, der sich auf die faschistische Falange, Monarchisten und den konservativen Klerus stützte, führte zu einem Bürgerkrieg. Francos Truppen wurden militärisch und mit Waffen von Deutschland, Italien und Portugal unterstützt, die Volksfront von internationalen Freiwilligenbrigaden, die etwa 25 000 Kämpfer, unter ihnen 5000 Deutsche, umfassten. Zaremba war einer dieser Interbrigadisten, wie aus seinen Tätowierungen hervorgeht:

Hammer und Sichel, Kremlmauer (90): Staatsemblem der Sowjetunion; Kreml = eigentlich: Burg, Zitadelle. Der bekannteste Kreml, hier gemeint, ist in Moskau. Er war und ist Sitz der Regierungen des Zarenreichs, der Sowjetunion und des heutigen Russland.

Auf, Sozialisten, schließt die Reihen (92): Der „Sozialistenmarsch" (1891) von Max Kegel (1850–1902), komponiert von Carl Gramm; es war das verbreitetste Massenlied der Sozialdemokratie.

Paneel (95): Holztäfelung von Innenwänden.

Pop-art (95): Die Kunstrichtung, in den fünfziger Jahren in England durch den englischen Maler Richard Hamilton (geb. 1922) entstanden, war dem Dadaismus verwandt; ihren Höhepunkt erlebte sie in den sechziger Jahren in den USA. Die Alltagswelt bekam Kunstcharakter (Reklame, Schaufensterpuppen). Hamiltons erste Collage enthielt einen Dauerlutscher mit der Aufschrift „Pop", wonach die Richtung benannt worden sein soll.

NFG (96): „nebelloses Farbspritzgerät", das in Edgars Brigade entwickelt werden soll und an dem sich Edgar allein versucht; dabei kommt er um. Die Abkürzung wird aber auch ironisch eingesetzt; sie war auch das allen bekannte Kurzwort NFG für „Nationale Forschungs- und Gedenkstätten" in Weimar, die den Nachlass von Goethe, Schiller und anderen, die Wohnhäuser der Dichter, ihr Andenken usw. verwalteten. In den NFG saßen die Pfleger und Verwalter des klassischen deutschen Erbes.

Althochdeutsch (99): Wiederum zeigt sich Edgars Unverständnis für Geschichte. Goethes Sprache ist Neuhochdeutsch und unterscheidet sich von der heutigen Sprache kaum in der Grammatik, nur wenig in der Semantik, am deutlichsten im Stil. Althochdeutsch setzte sich mit der 1. Lautverschiebung im 6. Jahrhundert durch.

Kachelwürmer (103): Die neu erbauten Prachtstraßen Berlins hatten zahlreiche Gestaltungselemente aus Kacheln; es gab Kunstwerke aus Kacheln (Fries am „Haus des Lehrers", Alexanderplatz). Neben der Karl-Marx-Allee war es besonders die Leipziger Straße, die diesen Kachelschmuck erhielt und deren Häuser ironisch als „Kachelwürmer" bezeichnet wurden. Rolf Schneider nannte sie in seiner Plenzdorf-Kopie „Klötze mit hellgelben Pinkelbudenkacheln".[29]

---

29 Rolf Schneider: *Die Reise nach Jaroslaw*. Rostock: Hinstorff, 1974, S. 18

wieder kurz vor irgendwas (104): Vor besonderen Ereignissen (Staatsfeiertagen, Parteitagen, Feiertagen u. a.) wurden Waren verkauft, die sonst selten im Handel zu erhalten waren. Das betraf vor Weihnachten Bananen und Apfelsinen, vor Staatsfeiertagen Farbfernseher und besondere Kleidungsstücke usw. Nach Edgars Angaben könnte der Jeans-Verkauf in der Vorbereitung (Herbst 1970) des VIII. Parteitages der SED 1971 gestanden haben. Diese Passage wurde erst in die Buchfassung aufgenommen.

Happening (105): Kunstereignis, das durch Aktionen wirkt und die Zuschauer einbezieht.

Schrippen (107): berlinerisch: Brötchen.

Tabula rasa (108): lat.: abgeschabte Tafel; übertragen: ein unbeschriebenes Blatt, reinen Tisch machen.

Mormone (115): 1830 in den USA gegründete Glaubensgemeinschaft, die sich auf angeblich von einem Engel Mormon gesammelte Schriften stützt.

vormilitärische Ausbildung (126): Sie war Teil der Ausbildung in Schule, Beruf und Studium und wurde von der GST (Gesellschaft für Sport und Technik) wahrgenommen.

Stipendium (129): Studenten bekamen in der Regel einen Grundbetrag zum Studium, der sich bis in die siebziger Jahre nach dem Verdienst der Eltern richtete; in der Zeit danach bekamen alle Studenten diese Unterstützung. Hinzu kamen Zuschläge für Familien, besondere Leistungen und nach der vorigen Tätigkeit. Ehemalige Armeeangehörige bekamen in der Regel 10 % ihres Verdienstes zusätzlich.

wie er schreibt: Zieht ihn ... (129): Edgar irrt sich hier: Nicht Werther schreibt, sondern der Herausgeber erzählt, was er von Werthers Gedanken erfahren hat.[30] Es wird erkennbar, dass Edgar Zitate aus Goethes Briefroman ohne ihren spezifischen Kontext auf die eigene Situation anwendet.

---

30 Vgl. Goethe: *Die Leiden des jungen Werther*. Stuttgart: Reclam, 2000, S. 114

Zet (138): volkstümliche Abk. für „Zuchthaus".

Jahresplan (141): Die Wirtschaft der DDR war eine Planwirtschaft. Von 1966 bis 1970 und 1971 bis 1975 liefen Fünfjahrespläne. Diese Pläne waren in Jahrespläne aufgeteilt.

VP (146): Volkspolizei.

2.6 Stil und Sprache

Die sprachliche Gestaltung wirkt scheinbar alltäglich und zufällig, dabei ist sie raffiniert. Es ist eine konstruierte Sprache, die von Plenzdorf entwickelt wurde, bestehend aus Schnoddrigkeit, Versatzstücken aus Salingers Roman und Erfindungen: Die Alltagssprache ist fingiert und wird durch eine montierte poetische Sprache, die aus Goethes *Die Leiden des jungen Werther* bezogen wird, kontrastiert. Das klassische Muster wird mit modischen Wendungen der damaligen Jugend unterlaufen. Dadurch sind die sprachlichen Mittel breit angelegt und bieten die Möglichkeit, die außerordentlichen Ereignisse problemlos ins scheinbar alltägliche Geschehen einzufügen. Das alles geschieht aus der Perspektive und mit den sprachlichen Mitteln des siebzehnjährigen Edgar, nicht aus der Perspektive eines Erwachsenen. Dieser Erzählerstandpunkt war für die Prosa der DDR neu. Auch deshalb bekam das Buch so großen Zulauf.

konstruierte Sprache

Es gibt verschiedene Sprachebenen. Eine ergibt sich aus dem *Werther*: Hier liefert Goethes Roman die sprachliche Substanz. Da aber nicht genannt, spielte Goethe trotz der deutlichen Beziehung in den Diskussionen um die Inszenierungen kaum eine Rolle. Bei den Diskussionen um den Prosatext war das anders.

verschiedene Sprachebenen

Eine zweite Sprachebene wird durch Wibeaus Sprachvermögen gebildet: Er beherrscht Grammatik und Semantik (Wortbedeutung) im Wesentlichen, hat aber keine Erfahrungen mit dem Stil. Dadurch bewegt er sich, obwohl er ein Buch schreiben will, vor allem auf der Stilebene der Umgangssprache („rumkraucht", 33), des (Schüler-)Jargons („exen" für „exmatrikulieren", 33) und setzt ohne Probleme Wiederholungen ein („hätte, hätte", 33), bei denen er sich nicht einmal um mögliche grammatische oder stilistische Differenzierungen bemüht. Dadurch entsteht eine gewagte, aber in dieser Form durchgehaltene Sprache; es ist die (Wunsch-)Sprache der Jugend um 1970. Durch sie wird aber auch das Publikum deutlich, das Edgar sucht: Er spricht die jugendlichen Zuschauer/ Leser an und will sie für sich gewinnen. Dafür setzt er Mittel ein wie schnelle Korrekturen an den Erinnerungen („Stopp mal, stopp!", 10), Leseranreden („Ich kann euch nur raten, ihn zu lesen ...", 37), Selbstbezichtigungen („Ich war ein Idiot.", 44) und populistische Verallgemeinerungen („Leute", 10; „Leute, war ich vertrieft.", 46). Damit veranlasst Edgar Leser und Zuschauer, sich der Erörterung seines Falles auszusetzen.

Vgl. auch S. 38 der vorliegenden Erläuterung.

2.7 Interpretationsansätze

Leser und Publikum interessierte wenig die Struktur des Stückes, mehr die Abbildung einer Wirklichkeit, die als Alltag zwar erlebt, aber selten beschrieben wurde. Wibeau sucht seinen Weg in einer Gesellschaft, die ihm Wege vorgibt. Um nicht diese Wege gehen zu müssen, will er sich den Angeboten entziehen. Das heißt auch, sich den Menschen zu entziehen, die ihn und über ihn bestimmen wollen: seiner Mutter, die Betriebsleiterin ist, seinem Lehrmeister und selbst dem Freund Willi. Auch will er sich einem Erziehungsmodell entziehen, das zwar dem Individuum Chancen einräumt, diese aber an die Anerkennung der gesellschaftlichen Normen bindet. Andere Systeme binden solche Chancen an Lobbys, finanzielle Möglichkeiten und Willfährigkeit.

Entscheidendes Kriterium wird für Edgar das Verhältnis zur Arbeit. Plenzdorf vermittelt, dass der Mensch nur durch Arbeit zum Menschen wird. Wibeau wird zu der Einsicht geführt, sie kommt aber zu spät und wird als Testament weitergereicht: „Jux ... Kumpels ... Arbeit ... Bloß so weit war ich noch nicht." (66) Auf die „entscheidende semantische Schlüsselposition" des Wortes „noch" wurde in der Diskussion hingewiesen.[31] Arbeit ist ein gemeinsamer sozialer Prozess und lässt sich nicht durch Isolation vorantreiben. Insofern hat Wibeau seinen Tod selbst verschuldet. Er hat sein Spritzgerät allein entwickeln, bauen und anwenden wollen. Die erste Druckfassung endet damit, dass durch gemeinsame Arbeit Edgars Erfindung zum Erfolg geführt wird und sein Alleingang kommentiert werden kann: „Wir durften ihn einfach nicht allein murksen lassen." (SuF 310). Der Satz wird in der Buchfassung entschärft zu „Aber wir durften ihn wohl nicht allein murksen lassen." (148)

> **Verhältnis zur Arbeit**

31 Wilhelm Girnus. In: *Sinn und Form* 1973, 6. Heft, S. 1281

Edgars Tod steht im Gegensatz zu Werthers Tod. Werther erschießt sich, weil er für die adlige Gesellschaft als Bürgerlicher nicht gleichberechtigt ist und seine Liebe zu Charlotte scheitert. Edgar hat fast keinen Grund zu einer solchen Tat, sein Tod ist Unfall und Zufall, keine verzweifelte Handlung. Allenfalls die einerseits erfüllte, andererseits gescheiterte Liebe zu Charlie wäre ein Grund. Zwar brachte Edgar für „Old Werther" Verständnis auf, aber „Ich meine, ich hätte nie im Leben freiwillig den Löffel abgegeben." (147) Der wichtigste Unterschied ist, dass Werthers Tod endgültig ist und der Roman durch einen Herausgeber entsteht, Wibeau aber nach seinem Tod seinen Text selbst gestaltet: Der Tod als Selbsterfahrung und als Gegenstand der Selbstkritik ist ein den Text organisierender künstlerischer Einfall.

Der Tod als Selbsterfahrung

Edgars Tod aus den spezifischen gesellschaftlichen Verhältnissen und für „unausweichlich" zu erklären – Edgar als Individuum „muss zugrunde gehen, weil es unter den gegebenen Bedingungen nicht es selbst sein kann"[32] – ist wenig sinnvoll, zumal seine Vorbilder Werther und Holden Caulfield unter anderen gesellschaftlichen Verhältnissen ähnlich scheitern. Edgars Tod zum „gesellschaftlichen Mord"[33] zu erklären, hätte nur seine Berechtigung bei der Feststellung, dass alle Gesellschaften Individuen in den Tod treiben. Damit ist die Feststellung wertlos, bezogen nur auf die DDR entspricht sie nicht dem Text: Edgar selbst sieht die Ursachen für sein Versagen und seinen Untergang in seinem Charakter, der ihn in allen denkbaren Verhältnissen scheitern ließe: „Ich war zeitlebens schlecht im Nehmen. Ich konnte einfach nichts einstecken. Ich Idiot woll-

Ursachen für Edgars Versagen

---

32 Wolfgang Emmerich: *Kleine Literaturgeschichte der DDR*. Erweiterte Neuausgabe. Leipzig: Gustav Kiepenheuer Verlag, 1996, S. 249 f.
33 Fritz J. Raddatz: *Ulrich Plenzdorfs Flucht nach innen*. In: Merkur 1973, Heft 12, S. 1174–78

te immer der Sieger sein." (147) Bereits zu Beginn hatte Edgar jeden Maßstab außer sich selbst abgelehnt: „Mein größtes Vorbild ist Edgar Wibeau. Ich möchte so werden, wie er mal wird." (15) Damit programmierte er den Konflikt mit welchem Partner auch immer vor. Edgars Tod ist individuell bedingt. Trotzdem ist er auch das Ergebnis zugespitzter sozialer Beziehungen, die Edgar in seinen Kommentaren dann selbst relativiert. Werden die Probleme in Erziehung und Ausbildung zur Störung für Edgars Ansprüche an Leben und Gesellschaft, so ist die unglückliche Liebe nicht sozial bestimmt. Insofern wird seine Situation durch rational-soziale und emotional-individuelle Verunsicherungen gleichermaßen geprägt. Edgars Liebe ist elementar; das wird in der Liebesszene in insularer Geschlossenheit mitten in widrigen Elementen – Wasser – deutlich gemacht. Die Rückkehr von der Insel ist der Beginn von Edgars Tod: „Ich kam mir langsam wie ein Schwerverbrecher vor. ... Zwei Tage später war ich über den Jordan ..." (135). Zuschauer fanden Edgars Tod ärgerlich; der Regisseur Horst Schönemann sah in dem Tod die Möglichkeit, sich mit Edgars „Problemen ernsthaft zu beschäftigen. Mehr, als wenn er sich nur verletzt hätte."[34] Edgars Tod ist kein Tabubruch oder „Bruch mit der Doktrin des ,sozialistischen Realismus'"[35]. Kein Ästhetiker hat erklärt, es dürfe im sozialistischen Realismus kein Tod dargestellt werden. Der Tod war immer ein Thema in der Literatur der DDR, von Anna Seghers' Werken über den alten Kraske in Erwin Strittmatters *Tinko* über die Werke Franz Fühmanns, Erwin Strittmatters, Christa Wolfs, Karl Mickels bis zu Heiner Müllers *Philoktet*, um eine disparate Reihe anzudeuten. Der junge Volker Braun dichtete um 1960: „Doch wir nehmen es auf uns: vergessen zu sein am Mittag!"[36]

---

34 *Diskussion um Plenzdorf.* In: Sinn und Form. Berlin. Rütten & Loening, 25. Jg., 1973, 1. Heft, S. 246
35 Wolfgang Emmerich: *Kleine Literaturgeschichte der DDR*, S. 250
36 Volker Braun: *Vorläufiges.* In: ders.: Texte in zeitlicher Folge. Halle, Leipzig: Mitteldeutscher Verlag, 1989, 1. Bd., S. 62

Mit Wibeau stirbt auch anderes, was immer übersehen wird. Sein Aufenthalt in der Laube ist von Beginn an begrenzt, denn die soll abgerissen werden. Neubauten sind geplant („Die Laube wurden wir nicht los, da sollten angeblich sofort Neubauten hin." 25) Zur Zeit der Handlung stehen diese Neubauten schon, auch Charlies Kindergarten samt Auslauf sind verschwunden. Der Kindergarten ist jetzt ein Neubau (85). Es vollzieht sich ein Ablösungsprozess alter verbrauchter Gebäude durch neue von großem Ausmaß, der zu dem sozialpolitischen Programm gehörte, wie es der VIII. Parteitag der SED 1971 vorlegte und das als Wohnungsbauprogramm in die Geschichte einging. Wibeau wird in diesen Ablöseprozess durch die Brigade von Addi Berliner einbezogen (sie „renovierten olle Berliner Wohnungen", 88), entzieht sich ihm aber wieder und zieht sich in die Laube zurück. Die Laube steht so für das Individuum, die Neubauten für die Gesellschaft. War die Flucht aus Mittenberg ein Protest gegen einschränkende Ordnungen, so war die Flucht in Berlin („schloss mich in der Laube ein", 140) eine Kurzschlusshandlung („Ich war vielleicht ein Idiot." 145).

Neu war der Umgang mit engagierten, aber komplizierten Jugendlichen in einer Gesellschaft, die gleiche Rechte und Möglichkeiten versprach, die Voraussetzungen dieser Rechte und Möglichkeiten aber vorgab.

Dieter Mann spielte am Deutschen Theater (DT) in Berlin den Wibeau. In einem Gespräch legte er über die Strategie des Schauspielers, der sein Spiel nach den Reaktionen des Publikums einrichten müsse, dar, dass für ihn Edgar Wibeau keineswegs eine Verkörperung der Jugend sei, sondern dass es in seiner Gestalt um ein „Plädoyer für die Schwierigen" gehe. Die Gesellschaft „müsste sich Zeit nehmen für Leute, die nicht zu allem Ja und Amen sagen, die aber vielleicht die produktiveren sind, die mit Widersprüchen leben, Fragen stellen".[37] Dieter Mann hatte auf den Punkt gebracht, was die Wirkung des Stückes ausmachte und das Stück bis heute aktuell bleiben ließ. Was er für die DDR meinte, ist ein grundsätzliches Problem moderner Gesellschaften und hat an Gültigkeit ständig gewonnen. Deshalb ist Plenzdorfs Text aktuell.

Seine Aktualität bezieht er nicht aus einzelnen Sätzen, sondern aus dem Widerspruch von Erlebnismöglichkeit, Erlebnissen und Erlebnisverarbeitung junger Menschen. Edgar Wibeau reflektiert über alle drei Vorgänge und setzt sie miteinander in Beziehung, wobei er die eigenen Grenzen stets mitdenkt: Will er sich anfangs „raushalten, wie immer" (12) und „nie jemand Ärger" machen, so nimmt er schließlich für seinen Tod allein die Verantwortung auf sich: „Hier hat niemand Schuld, nur ich!" (16). Das ist die Folge seiner zunehmenden Handlungsbereitschaft, die die Möglichkeit des Scheiterns einschließt. – Wie sich die Herauslösung einzelner Sätze auf die Bewertung des Stückes auswirkte, beschrieb der Dramatiker Armin Stolper anekdotisch in seinem schönen Buch *Wir haben in der DDR ein ganz schönes THEATER gemacht* (Berlin: Verlag Das Neue Berlin, 1999). Bei einer Begegnung mit Erich Honecker in Wandlitz legte dieser eine Seite mit Sätzen aus den *Neuen Leiden* und aus Volker Brauns *Die Kipper* vor, die seiner Meinung nach unmöglich waren. Doch konnten sich Stolper und seine Begleiter, darunter der Regisseur von Plenzdorfs Text Horst Schönemann, durchsetzen und die Stücke blieben im Spielplan.

---

37 Kolloquium des Verbandes der Theaterschaffenden vom 24. 2. 1973, Tonbandprotokoll. Zit. in Klatt (*Ulrich Plenzdorf*, 1987), S. 324. Vgl. dazu auch Klatt (*Modebuch*, 1987), S. 379 ff.

3.   Themen und Aufgaben

Die Lösungstipps beziehen sich auf die Seiten der vorliegenden Erläuterung.

1) Thema: Der Stoff

▶ Vergleichen Sie Plenzdorfs Edgar Wibeau und Goethes Werther. Beschreiben Sie die Beziehungen, in die beide Gestalten treten und wie sie sich darin bewegen.

▶ Wo gibt es Gemeinsamkeiten und wo entscheidende Unterschiede zwischen den beiden Texten?

▶ Warum verwendet Wibeau Texte aus Werthers Briefen, um die eigene Situation zu beschreiben? Wozu dienen die *Werther*-Zitate noch?

Textgrundlage: Plenzdorfs *Die neuen Leiden des jungen W.*, Goethes *Die Leiden des jungen Werther*
Lösungshilfe: S. 24, 35 f.

2) Thema: Die Lösung

▶ Erklären Sie Edgars Tod. Zeigen Sie die Unterschiede zu Werthers Tod auf.

▶ Wie verstehen Sie Edgars Tod: als Unfall, als Freitod, als Folge unglücklicher Zuspitzungen, als Folge gesellschaftlicher Beschränkungen oder als unausbleibliches Schicksal?

▶ Wodurch entstehen Edgars Schwierigkeiten? Nutzen Sie dazu seine eigene Beschreibung des Charakters (147).

Textgrundlage: S. 16 f., 36 ff., 147
Lösungshilfe: S. 64

3) Thema: Das Verhältnis zur Arbeit

Textgrundlage:
S. 65 ff.
Lösungshilfe:
S. 11, 63

▶ Wie gestaltet sich in Mittenberg und wie in Berlin die Arbeit für Edgar?

▶ Was stört ihn am Lehrausbilder/an der Lehre in Mittenberg?

▶ Wie verhält sich die Brigade Berliner zu ihm und wie will er seine Beziehung zu dieser Brigade und zu einzelnen Mitgliedern (Addi Berliner, Zaremba) regeln?

4) Thema: Die Liebe und die Kunst

Lösungshilfe:
S. 29, 36 ff.

▶ Beschreiben Sie Edgars Beziehung zu Frauen. Was bedeutet ihm Charlie?

▶ Edgar ist vielseitig künstlerisch interessiert. Was gefällt ihm besonders?

▶ Wie gehören für ihn Liebe (Charlie) und Kunst zusammen? Was empfindet Charlie für ihn?

5) Thema: Die sprachliche Gestaltung

Textgrundlage:
Eröffnung,
S. 51, S. 54 ff., 75,
82, 99
Lösungshilfe:
S. 61, 47, 37, 35

▶ Stellen Sie fest, welche verschiedenen sprachlichen Ebenen vorhanden sind.

▶ Wie wirken die *Werther*-Zitate sprachlich auf die Adressaten Willi, Dieter und Zaremba? Wieso können Zitate Edgars „schärfste Waffe" sein?

▶ Welche Bedeutung haben „Weihnachten", „Schattenriss" und „Kolchose" für die Handlung?

6) Thema: Die Struktur

Textgrundlage:
S. 37 ff.
Lösungshilfe:
S. 34 f., 40 f.

▶ Erklären Sie, warum der Text unterschiedlichen Gattungen zugerechnet worden ist und werden kann (Szenarium, Filmerzählung, Roman usw.).

▶ Welche Merkmale des Films werden im Text eingesetzt?

▶ Welche Funktion haben Edgar Wibeaus Kommentare aus dem Jenseits?

7) Thema: Der Streit um den Text – die Wirkungen

Lösungshilfe:
S. 67, 74 ff.

▶ Beschreiben Sie mit Hilfe der Materialien und der Rezeption den Streit um den Text.

▶ Wie erklären Sie sich die anhaltende Wirkung des Textes weit über die DDR hinaus?

▶ Haben Sie ähnliche Erfahrungen wie Edgar gemacht? Wie gehen Sie damit um?

4.   Rezeptionsgeschichte

Plenzdorfs *Die neuen Leiden des jungen W.* war von der DEFA als Film, von Verlagen in der DDR als Buch abgelehnt worden. Der Zeitschriftenveröffentlichung folgte im Sommer 1972 die Uraufführung als Theaterstück in Halle (Saale) (Regie: Horst Schönemann). Der berühmte Filmregisseur Konrad Wolf hatte das Manuskript gebracht und bot es dem Theater an, nachdem es als Film abgelehnt worden war. Eine Theaterinszenierung war weniger auffällig und kostengünstiger als ein Film. Bereits während der Proben wurde das Stück bei Lehrlingen, Studenten und Oberschülern (Gymnasiasten) getestet; es gab kluge Hinweise und Begeisterung. In Publikumsdiskussionen drückte man einerseits seine Begeisterung aus, fragte aber andererseits, ob Edgar nicht ein Außenseiter sei.[38] Während der Uraufführung gab es Beifall bei offener Szene, „ein großer, starker Erfolg"[39]. Der Schauspieler Reinhard Straube wurde mit der Rolle berühmt. Noch 25 Jahre später hieß es: „Einmal Edgar, immer Edgar."[40] Vier Jahre lang lief das Stück vor ausverkauftem Haus. Ulrich Plenzdorf wurde durch die Inszenierung das, was er nie sein wollte, eine öffentliche Person. Fünfundzwanzig Jahre später beging man in Halle das Jubiläum der Uraufführung.

Nach dreißig Jahren, 2002, erinnerte man sich nochmals an die Premiere:

> 1972 Uraufführung als Theaterstück in Halle (Saale)

---

38 Horst Schönemann in einem Literaturgespräch. In: *Zwischen Diskussion und Disziplin*. Dokumente zur Geschichte der Akademie der Künste (Ost) 1949/50–1993. Hrsg. von der Stiftung Archiv der Akademie der Künste. Berlin: Henschel-Verlag, 1997, S. 349

39 Hans-Georg Werner: *Mit viel Spaß ernst genommen*. In: Freiheit, Halle (Saale), Nr. 122 vom 24. Mai 1972

40 Christian Eger: *Edgar gegen den Rest der Welt*. In: Mitteldeutsche Zeitung. Halle (Saale), 17. Mai 1997

> *„In den Theatern im Westen gab es Handkes ‚Publikums-*
> *beschimpfung' und immer mal wieder Ärger mit Stücken von*
> *Fassbinder oder Kroetz. Der Osten hatte dagegen nur ein einzi-*
> *ges Skandal- und Kultstück zu bieten: ‚Die neuen Leiden des*
> *jungen W.'"* [41]

Bis heute ist Reinhard Straube als Edgar Wibeau in Schulen
unterwegs, das Stück ist unvermindert aktuell: „... heute sind
eher allein gelassene Kinder von Karriere-Eltern das Problem."
Es gab 1972 ein Hallenser Gastspiel der *Neuen Leiden* im
Maxim-Gorki-Theater (Berlin); dazu leitete Dieter Kranz 1972
im Rundfunk die 113. Folge „Berlin – Weltstadt des Theaters",
in der das Stück vorgestellt wurde und Horst Schönemann

öffentliche Diskussion ausführlich Auskunft gab. Die öffentliche Diskussion, die die Inszenierung
begleitet hatte, wurde nach der Uraufführung noch umfang-
reicher. Beteiligt waren neben Tageszeitungen die Zeitschrift
der Studenten *Forum*, die 1972 von ihrer Nr. 12 an Meinungen
veröffentlichte und eine Befragung durchführte, die ergab,
dass 77 % der Theaterbesucher wünschten, mit Edgar befreun-
det zu sein (1973, Nr. 8, S. 15), die *NDL (Neue Deutsche Literatur)* und der *Sonntag*, die Wochenzeitung des Kulturbundes.
Noch im gleichen Jahr führten Berliner Bühnen (Volksbühne,
Regie: Christoph Schroth; Deutsches Theater, Regie: Horst
Schönemann) das Stück auf. Das war eine „kulturpolitische
Entscheidung" von Rang, die von Debatten im Verband der
Theaterschaffenden, von zahlreichen Angriffen aus verschie-
denen Lagern und von Unterstellungen begleitet war. [42]

---

[41] Detlef Färber: *Ein Skandal- und Kult-Stück*. In: Mitteldeutsche Zeitung. Halle (Saale), 18. Mai
2002. Im Detail ist der Artikel fehlerhaft; so blieb Straube keineswegs „für lange Zeit der Einzige,
der in die Rolle des Edgar Wibeau schlüpfen durfte" u. a. Die beschriebenen Sachverhalte,
Inszenierungen und Aufführungszahlen belegen das Gegenteil.
[42] Klatt (*Modebuch*, 1987), S. 378. Über die unveröffentlichten Protokolle informiert Klatt ebd.,
S. 379 ff.

Horst Schönemann, der aus Halle nach Berlin zurückkehrte, übertrug den Erfolg von Halle an das DT. In Gespräch der Regisseure über die verschiedenen Inszenierungen sagte Horst Schönemann im *Sonntag*:

> *„Das Stück hat den Nerv vieler getroffen, weil es Fragen behandelt, die jedermann beschäftigen, an denen die Gesellschaft arbeitet, die aber noch nicht gelöst sind. Es geht um Fragen des Verhältnisses der jungen Menschen – an unseren Schulen zu hoch gebildeten, vielseitig interessierten jungen Persönlichkeiten geformt – zu ihrer Umwelt. Und andererseits geht es um Lebensgewohnheiten, die vor allem durch uns Erwachsene und unsere eigenen Probleme in Beziehung zur Jugend entstehen."*[43]

In den beiden folgenden Spielzeiten gab es 17 Inszenierungen an DDR-Theatern. Das Werk erlebte einen Siegeszug durch alle Medien.

Siegeszug durch alle Medien

1973 erschien der Text zeitgleich in beiden deutschen Staaten als Roman. In der DDR war es der Hinstorff Verlag in Rostock, der sich gegen die Einwände der zuständigen Bezirksleitung der SED, die sich bei jeder Auflage wiederholten, durchsetzte und das Buch veröffentlichte. Es wurde der „meistdiskutierte Text des Jahres 1973", wie Kurt Batt, der Cheflektor des Verlages, erklärte.[44] In der Bundesrepublik hatte der Suhrkamp-Verlag zuerst nur 5000 Exemplare vorgesehen; 1981 erreichte das Buch, inzwischen auch als billiges Taschenbuch erschienen, bereits das 575. Tausend. Es war der größte Erfolg eines Titels der DDR-Literatur, den es in der Bundesrepublik gab. Am 8. Mai 1973 wurde das Stück in Westberlin, am 21. Sep-

---

43 *Zweimal Die neuen Leiden des jungen W.* Gespräch mit den Regisseuren Horst Schönemann und Christoph Schroth. In: Sonntag. Berlin 1973, Nr. 3, S. 8

44 Kurt Batt: *Realität und Phantasie.* In: ders.: Widerspruch und Übereinkunft. Aufsätze zur Literatur. Leipzig: Verlag Philipp Reclam jun. 1978, S. 377, auch unter dem Titel *Schriftsteller, poetisches und wirkliches Blau* erschienen in Hamburg: Hoffmann und Campe, 1980

tember 1973 in den Kammerspielen München aufgeführt. Innerhalb eines Jahres war Plenzdorfs Text wie keiner zuvor zu einem gesamtdeutschen Text geworden.

Ein geplanter Film der DEFA kam erneut nicht zustande, auf der 9. Tagung des ZK der SED im Mai 1973 übte Erich Honecker Kritik daran, dass „eigene Leiden der Gesellschaft aufoktroyiert" würden. Kurt Hager wies *Robinson Crusoe* und den *Fänger im Roggen* auf der gleichen Tagung als Ideale zurück. Den Siegeszug des Stückes störte das nicht; Plenzdorfs Hoffnung, seine Gesellschaft mit dem Stück zu gestalten, auch nicht, wie er nochmals 2002 bestätigte.

Diskussion in der Zeitschrift *Sinn und Form*

Die **umfangreichste und dauerhafteste Diskussion** um das Stück führte die Zeitschrift *Sinn und Form*. Sie teilte im Juli 1972 (Heft 4) mit, dass sie über Stück und Aufführungen diskutieren werde. Sie begann mit der ungekürzten Wiedergabe der Diskussion in der Akademie der Künste vom 31. Oktober 1972, an der Ulrich Plenzdorf teilnahm. Der Herausgeber der *Sinn und Form* Wilhelm Girnus teilte zuerst wesentliche Auszüge aus einem Brief des bekannten Rechtsanwalts und Schriftstellers Friedrich Karl Kaul, der auch Fernseh- und Rundfunksendungen gestaltete, mit: Kaul sah in Edgar einen „verwahrlosten – der Fachmann würde sagen ‚verhaltensgestörten' – Jugendlichen" und vermisste das „sozial-politische Gegengewicht".[45] Schließlich warf Kaul der *Sinn und Form* vor, durch die kommentarlose Veröffentlichung des Textes verantwortungslos gehandelt zu haben. Die Redaktion leitete aus den Vorwürfen einen Fragespiegel ab, den sie vorstellte und Meinungen erbat; darin ging es bevorzugt um das Verhältnis von Goethes und Plenzdorfs Text und um die Frage, ob in einem Kunstwerk unbedingt ein vorbildhafter Gegenheld enthalten sein müsse.

---

45 *Sinn und Form* 1973, 1. Heft, S. 219 f.

Die Diskussion wurde mit einem Essay Robert Weimanns eröffnet (s. S. 83 f. dieser Erläuterung). Danach sprachen Schriftsteller wie Wieland Herzfelde, Stephan Hermlin, der Regisseur Horst Schönemann, Theaterwissenschaftler und Ulrich Plenzdorf. Die Meinung Kauls fand keine Zustimmung, auch nicht im nächsten Heft, wo Kaul vorgehalten wurde, ob er denn „Lust am Abenteuer, Suche nach unausgetretenen Pfaden, die Beziehungen zur älteren Generation" mit Paragrafen lösen wolle.[46] Inzwischen waren zahlreiche Leserzuschriften eingetroffen, von denen die ersten im 3. Heft (1973) veröffentlicht wurden. Das nächste Heft bot fast 40 Seiten Zuschriften. Sie kamen vor allem von Schülern und Studenten, Schriftstellern und von schreibenden Arbeitern. Stimmen kamen zu Wort, die aus dem Lob, das Plenzdorfs Text inzwischen auch in Westdeutschland bekam, schlossen, man müsse mit dem Text kritischer umgehen. Dem schreibenden Arbeiter Friedrich Plate aus den Leuna-Werken fiel auf, dass Edgar Wibeau vom Deutschlandfunk zum „Prototyp für die DDR-Jugend" erklärt wurde, „die im Grunde mit der planmäßigen Entwicklung unseres Lebens nicht einverstanden sei und große Neigung habe auszubrechen"[47]. Nun hatte dieser Gedanke tatsächlich bis dahin in den Diskussionen und Gesprächen keine Rolle gespielt, auch nicht bei der Kritik an dem Text. Plate, dessen Meinung in seinem Zirkel heftigen Widerspruch erhielt, war der Erste und blieb der Einzige, der aus diesem Grunde Kaul zustimmte, weil „eine gewichtsmäßige Verfälschung unseres sozialistischen Seins und Werdens" in dem Text vorhanden sei. Kritisch äußerten sich nur wenige in der Diskussion; die uneingeschränkte Zustimmung, ja Faszination dominierte. Insgesamt stellte *Sinn und Form* 100 Druckseiten der

---

46 Heinz Plavius: *Freuden an Leiden*. In: Sinn und Form 1973, 2. Heft, S. 449
47 Friedrich Plate. In: *Sinn und Form*, 1973, 3. Heft, S. 851

Diskussion zur Verfügung und ließ 30 Meinungen ausführlich zu Wort kommen, die anderen wurden in einem Abschlussbericht von Wilhelm Girnus „Lachen über Wibeau … aber wie?" (6. Heft, 1973) zusammengefasst. Über der Zustimmung zu Plenzdorfs Text beklagte Wilhelm Girnus, es hätten sich die nicht gemeldet, „die diesem Beitrag (Plenzdorfs Text, R. B.) wenig gewogen waren".

Anna Seghers sah Plenzdorfs Stück in der Nachfolge von Frank Wedekinds *Frühlings Erwachen* und auch, dass dem jungen Publikum von 1972 Plenzdorfs Stück näher liegen müsse als das Wedekinds von 1891.[48]

Die **Breite der Diskussion** wird in einem zweiten Forum ahnbar. Vom 23.–26. November 1973 fanden Zentrale Werkstatt-Tage der schreibenden Arbeiter der DDR statt.

1973 Zentrale Werkstatt-Tage der schreibenden Arbeiter der DDR

Dort beschäftigte man sich mit Plenzdorfs Text. Der Theaterwissenschaftler Wilfried Adling sprach über *Von ‚Katzgraben' bis zum ‚jungen W.'* Adling ging auf Edgars Tod und den Unterschied zu Goethes Werther ein:

> „*Dass der Tod des jungen W. eben nicht dem Selbstmord des jungen Werther gleicht, wird nicht zuletzt durch den Selbstkommentar offenbart, in dem der junge W. gleichsam postum sein Verhalten erklärt und dabei kritisch und selbstkritisch die Motive seines Tuns aufdeckt. Aber obgleich dadurch evident wird, dass dieser Tod nicht wie bei Goethes Helden die tragische Konsequenz aus einer widersprüchlichen, dem Menschen feindlichen Gesellschaft ist, wird andererseits ebenfalls klar, welche Verantwortung jeder von uns für das richtige Begreifen und richtige Behandeln seines Partners hat.*"[49]

---

48 Vgl. dazu: Hans Richter: *Zwischen Böhmen und Utopia*. Literaturhistorische Aufsätze und Studien. Jenaer Studien, Bd. 4. Jena: Dr. Bussert & Stadeler, 2000, S. 151 f.

49 Wilfried Adling: *Von „Katzgraben" bis zum „jungen W."* (2. Teil). In: ich schreibe. Zeitschrift für die Bewegung schreibender Arbeiter, Leipzig 1973, Heft 4, S. 34. *Katzgraben* (1953) war ein Schauspiel von Erwin Strittmatter (1912–1994), das Brecht überarbeitete und inszenierte.

Am 22. Juli 1974 sendete der Bayerische Rundfunk eine Hörspielfassung (Regie: Richard Hey), am 20. April 1976 der Südwestfunk eine Fernsehfassung (Regie: Eberhard Itzenplitz). 1974 schrieb Rolf Schneider einen Gegenentwurf: *Die Reise nach Jaroslaw*.

Rolf Schneiders Gegenentwurf: *Die Reise nach Jaroslaw*

Es war der angestrengte Versuch, mit der siebzehnjährigen Gittie (Brigitte) Marczinkowski, gebürtige Berlinerin, den weiblichen Wibeau zu schaffen. Gittie, die wie Wibeau selbst erzählt, hat ebenfalls Probleme mit den Eltern, wird – weil kein Arbeiterkind – in der Schule benachteiligt, trägt eine blassrosa Levis, hat als Lektüreerlebnis Hemingways *Wem die Stunde schlägt*, liebt Beat und Frank Zappa und trifft, nachdem sie ihre Eltern verlassen hat, einen Typ in „erstklassigen Bluejeans" namens Ed, der in einer Berliner Laube wohnt. Achtzehnjährig geworden trampt sie mit Jan, einem polnischen Architekturstudenten, nach Jaroslaw, woher ihre Großmutter stammt. Damit verlässt Schneiders Erzählung die Vorlage. Gitti kehrt schließlich zu den Eltern zurück und wird einen Beruf lernen. – Die Erzählung ist deshalb erwähnenswert, weil ihre Bedeutungslosigkeit in jeder Hinsicht die besondere Einmaligkeit von Plenzdorfs Text unterstreicht.

Edgar Wibeau hielt in der DDR schließlich sogar Einzug in kulturpolitische Grundsatzdokumente: Auf der Kulturkonferenz der FDJ 1982 wurde Wibeau der beispielhafte Jugendliche, der auf das Miteinander unterschiedlicher Generationsansprüche aufmerksam machte.[50]

Die **Literaturgeschichtsschreibung** hatte ein zwiespältiges Verhältnis zu dem Werk. Ohne die umfangreiche öffentliche Diskussion aufzunehmen und für ihre Bewertung als Maßstab das literarische Erbe nehmend, urteilte sie in der DDR rigoros:

---

50 Hartmut König: *Die Verantwortung der FDJ für Kultur und Kunst in den Kämpfen der Zeit*. In: Kulturkonferenz der FDJ, Berlin 1982, S. 32

„*Der Autor löste die Dialektik von objektiven Möglichkeiten und subjektiver Verantwortung in der Persönlichkeitsentwicklung im Ganzen noch nicht befriedigend. Auch verselbständigen sich manche Szenen des Stückes, vor allem die Apologie jugendlich-extremer Haltungen. Die Symptome der Geschehnisse wurden überzeugender gestaltet als ihre Ursachen.*"[51]

Das war ein vernichtendes Urteil. Andererseits wurde Plenzdorf

Plenzdorf erhielt 1973 den Heinrich-Mann-Preis

für dieses Werk 1973 mit dem Heinrich-Mann-Preis, einem der höchsten Literaturpreise in der DDR, ausgezeichnet. Nicht besser sah das Urteil auf westdeutscher Seite aus. In einer Literaturgeschichte hieß es: „Plenzdorfs Buch/ Stück handelt vom Versuch eines jungen Menschen, sich unter realsozialistischen Bedingungen als Individuum zu artikulieren. Das scheint nur durch die Negation des Vorhandenen möglich zu sein."[52] Von „Negation des Vorhandenen" war in Plenzdorfs Text keine Rede.

Ein vernünftiges Mittelmaß und damit eine Lesart, die der Wirkung eines Textes gerecht wird, der trotz „Negation des Vorhandenen" immer noch aktuell ist, fand der Australier John Milfull, ein Kenner der DDR-Literatur. Er schrieb:

„*Edgar stößt sich ‚an allem Äußeren', doch ist seine Kritik an den Älteren im Grunde kaum DDR-spezifisch: Er fühlt sich auch von den Symbolen der Jugendrevolte im Westen, den Bluejeans und den Rockstars, stark angezogen. Wogegen er sich auflehnt, ist vor allem die zu schnelle Einordnung in die Welt der Erwachsenen, der erzwungene Verzicht auf den ‚Freiraum Jugend', wo man sich traditionsgemäß ein wenig austoben darf, bevor der große Ernst des Lebens doch zum Zuge kommt. Seine*

---

51 Horst Haase, Hans Jürgen Geerdts, Erich Kühne, Walter Pallus (Leiter eines Autorenkollektivs): Geschichte der deutschen Literatur, 11. Band: *Literatur der Deutschen Demokratischen Republik*. Berlin: Volk und Wissen, 1976, S. 688 f.
52 Wolfgang Emmerich: *Kleine Literaturgeschichte der DDR*, S. 249

*Leiden sind deswegen eher mit denen eines Taugenichts zu ver-
gleichen, der nur noch nicht weiß, dass er von einer (sozialistischen) Vorsehung freundlich und sicher gelenkt wird: es wäre
noch alles gut geworden."*[53]

Eine ähnlich sachliche Beurteilung fand sich auch in westdeutscher Betrachtung: Mitte der siebziger Jahre sei Plenzdorfs
Stück das „dominierende westdeutsche Erfolgsstück" gewesen, weil es „von ‚Privatantrieben'" handelte, die „unpolitische
Geschichte eines jungen Außenseiters, die sich an Goethes
Werther anlehnt".[54] Ende der achtziger Jahre gehörte der Text
zu einem literarischen Erbe, das noch aktuell war und bis
heute geblieben ist.

Das Stück ist in fast zwanzig Sprachen
übersetzt worden, darunter ins Katala-
nische, Litauische, Französische und Japanische. In Frank-
reich wurde eine ausführliche Diskussion in der Zeitschrift
Allemagne d'aujourd'hui (Nr. 40/1973 bis Nr. 44/1974) geführt;
es entstand eine umfangreiche und seriöse Sekundärliteratur.[55]
Ende der achtziger Jahre konnten bereits mehr als 80 Inszenierungen außerhalb der DDR verzeichnet werden.

Auch innerliterarisch gab es weitere Wirkungen, die bemer-
kenswerteste wurde wiederum in der Zeitschrift *Sinn und Form*
veröffentlicht. Dort erschien 1975 im 5. Heft die 1974 entstan-
dene ***Unvollendete Geschichte*** **Volker Brauns**, die politisch
mehr Aufsehen als Plenzdorfs *Neue Leiden* erregte. Aber da
der Text zuerst nur als Zeitschriftenveröffentlichung vorlag –
die Buchausgabe erschien 1977 beim Suhrkamp Verlag, in der
DDR 1988 –, war die Breitenwirkung gering. Wiederum be-

> in fast zwanzig Sprachen übersetzt

53 Viktor Zmegac (Hrsg.): *Geschichte der deutschen Literatur vom 18. Jahrhundert bis zur Gegen-
    wart.* Band III/2 1945–1980. Königstein/Ts.: Athenäum, 1984, S. 666
54 Helmut Kreuzer: *Neue Subjektivität.* Zur Literatur der siebziger Jahre in der Bundesrepublik
    Deutschland. In: Manfred Durzak (Hrsg.): Deutsche Gegenwartsliteratur. Stuttgart: Philipp
    Reclam jun., 1981, S. 101
55 Vgl. dazu die Angaben bei Klatt (*Modebuch*, 1987), S. 396

ginnt eine Geschichte „am Tag vor Heiligabend"[56]; der Rats-
vorsitzende des Kreises K. empfiehlt seiner achtzehnjährigen
Tochter Karin, sich von ihrem Freund Frank, einem „Rowdy",
trennen. Biografische Einzelheiten in beiden Texten entsprechen einander. Auf dem Tisch ihres Bruders findet Karin die
Neuen Leiden, über das sie unter deutlichem Bezug auf die
Kritik Honeckers an dem Buch nachdenkt:

> *„Sie hatte von dem Buch gehört, allein das Wort ‚Leiden' im
> Titel war erschreckend genug. In der Zeitung hatte gestanden,
> der Verfasser versuche, seine eigenen Leiden der Gesellschaft
> ‚aufzuoktroyieren'. Das wäre, dachte sie jetzt, immerhin neu,
> dass das Leid des Einzelnen die Gesellschaft stören würde. Da
> musste der Einzelne ihr allerhand bedeuten. Karin gefiel die
> Geschichte, und es schien ein authentischer Fall zu sein, und
> wenn nicht das, so klangen doch die Gedanken dieses Wibeau,
> und wie er sich äußerte, wie mitgeschrieben."*[57]

Nur schien ihr der *Werther* gewaltiger, da ging ein „Riss durch
die Welt ... und durch ihn selbst", während Wibeau lustig war
und „per Zufall über den Jordan" ging.[58] Einen wirklichen
„Riss durch die Welt" gestand Brauns Karin Edgar Wibeau
nicht zu; sie hatte damit wohl das richtige Urteil gefällt.
Brauns Kritik an Plenzdorfs Text bestand darin, dass er nicht
an den wirklichen Riss gelangt sei, der durch die Welt zwischen zwei Systemen gehe und Auswirkungen auf die Liebe
zweier Menschen habe.
Der Titel *Die neuen Leiden des jungen W.* zog als idiomatische
Wendung (Redewendung, Sprichwort) in die Alltagssprache
ein. So wurde ein Artikel über die Ministerin Wieczorek-Zeul
überschrieben *Die Leiden der Heidi W.*[59]

---

56 Volker Braun: *Unvollendete Geschichte*. In: ders.: Texte in zeitlicher Folge. Bd. 4. Halle, Leipzig:
    Mitteldeutscher Verlag, 1990, S. 9
57 Volker Braun, ebd., S. 33
58 Volker Braun, ebd., S. 34
59 Vgl. DIE ZEIT vom 17. Juli 2003, Nr. 30, S. 6

5.   Materialien

Im Programmheft der Uraufführung war das „Interview mit einem wortkargen Autor" abgedruckt. Darin hieß es u. a.:

„Kennen Sie einen wie Ihren Helden Edgar?
Sie meinen im Leben? – Nein.
Er ist also erfunden?
Eher zusammengesetzt, wenn Sie wollen, ein Gruppenporträt.
Welche Gefühle haben Sie Ihren Figuren gegenüber?
Ich mag sie alle. Besonders Edgar.
Trotzdem lassen Sie ihn ,über den Jordan' gehen?
Das tut mir auch Leid, ließ sich aber kaum vermeiden.
Widerspricht das nicht Ihrer Absicht, den Leuten Mut zu sich selbst zu machen, Lust darauf, sich selbst auszuprobieren?
Kaum. Edgars Ableben ist nur die erlaubte Zuspitzung der Tatsache, dass es Leute wie er schwer haben. Übrigens ist es ein Unfall.
Aber Edgar weiß doch, dass ,dreihundertachtzig Volt kein Scherz' sind.
Das ja.
Also ist er am Ende gar selbst schuld?
Schuld ist da niemand. Das soll vorkommen."[60]

Ebenfalls in diesem Programmheft äußerte sich die Juristin Dr. Wolfhilde Dierl zu Edgar und seinem Ausbruchsversuch:

„Es gibt da ein Ensemble von Ursachen, von denen wir nur einige nennen können. Typisch scheint mir, wie der Autor in ganz weni-

---

60 Programmheft zu Ulrich Plenzdorf: *Die neuen Leiden des jungen W.*, Spielzeit 1971/72, Heft 10, Inhalt: Ingrid Seyfarth.

gen Strichen das Elternhaus Edgars skizziert hat. Diese suchenden, hoch intelligenten, oft – wie in diesem Fall – musisch veranlagten Jungen leben nicht selten in Familien, in denen der eine Ehepartner fehlt. Da ist die Mutter, die sich und ihrer Umgebung beweist, wie sie als Leiterin großartig ,ihren Mann' stehen kann, die tüchtig ist in ihrem Beruf, ein tatkräftiger Mensch unserer Gesellschaft, dem allerdings etwas Entscheidendes fehlt: dem Jungen Liebe und Innigkeit zu zeigen. Sie will es freilich. Sie hat aber immer mehr ihr Augenmerk auf den braven und guten, ordentlichen Schüler gerichtet, weniger auf den temperamentvollen, staunend die Welt betrachtenden, sie sich erobern wollenden Jungen, die hat ihn kaum in seinen Sehnsüchten begriffen. Dazu kommt ein wichtiger Fakt: Dieser Junge ist ein Einzelkind, aufgewachsen ohne die geschwisterliche Gemeinschaft."

Reinhard Straube, der Darsteller Edgars in der Uraufführung, sprach 2002 über Plenzdorfs Stück und die gemeinsame Arbeit:

„Plenzdorf war ganz naiv der Sache gegenüber. Er hatte vom Theater natürlich wenig Ahnung. Also das kannte er nicht. Er hatte zugleich aber ein großes Vertrauen zu uns. Und es war immer so, dass er sich in die Proben gesetzt hat und gesagt hat: ,Mein Gott, wenn das jetzt plötzlich so lebt, das Stück, ich finde es ganz groß.' Wir konnten sogar Szenen verändern, wir konnten sie umbauen, Plenzdorf hat dann immer gesagt: Ja, es ist Klasse, ich kann gar nichts dazu sagen.'"[61]

---

61 Für die Veröffentlichung der Originalaussage ist Reinhard Straube, Darsteller des Edgar Wibeau in der Uraufführung, zu danken.

Am 31. Oktober 1972 diskutierte die Akademie der Künste über Plenzdorfs Werk. Wilhelm Girnus berichtete von einem Brief des Anwalts und Schriftstellers Friedrich Karl Kaul. In ihm hieß es:

„Um mein Urteil knapp zu fassen: mich ekelt geradezu – um keinen anderen Ausdruck zu benutzen – die von einem unserer professionellen Theaterkritiker sogar noch ‚mehr als ein hübscher Einfall' laudierte In-Bezug-Setzung eines verwahrlosten – der Fachmann würde sagen ‚verhaltensgestörten' – Jugendlichen mit der Goethe'schen Romanfigur an; von dem Fäkalien-Vokabular, in dem des Langen und Breiten über die innige Funktionsverbindung von Niere und Darm der Plenzdorf'schen Figur abgehandelt wird, ganz zu schweigen."[62]

Stephan Hermlin setzte dagegen und erkannte damit die wichtigste Eigenart des Textes:

„Ich würde sagen, das ungeheuer Wichtige an Plenzdorfs Stück ist, dass es vielleicht zum ersten Mal, jedenfalls in der Prosa, authentisch die Gedanken, die Gefühle unserer DDR-Arbeiterjugend zeigt. Ich halte das für ein besonders wichtiges Stück. Auf den Brief würde ich nicht weiter eingehen, er ist belanglos."[63]

Die Diskussion in der Akademie der Künste (31. 10. 1972) wurde von dem bekannten Anglisten Robert Weimann (geb. 1928) eröffnet. Er begann seinen Essay:

---

62 In: *Sinn und Form*. Berlin. Rütten & Loening, 25. Jg., 1973, 1. Heft, S. 219
63 *Zwischen Diskussion und Disziplin*. Dokumente zur Geschichte der Akademie der Künste (Ost) 1949/50–1993. Hrsg. von der Stiftung Archiv der Akademie der Künste. Berlin: Henschel-Verlag, 1997, S. 349. Der Text mit einem etwas anderen Wortlaut, von der Intention gleich, steht in: *Diskussion um Plenzdorf*. In: *Sinn und Form*. Berlin. Rütten & Loening, 25. Jg., 1973, 1. Heft, S. 244

„‚Die neuen Leiden des jungen W.' haben Furore gemacht. Diese rasche Wirkung hat mancherlei Ursachen, vor allem aber die eine: dass widersprüchliche Haltungen in der jungen Generation, kunstvoll aufgezeichnet und konfliktreich zugespitzt, Aufnahme in unserer Literatur finden. Dabei geht es nicht um die Story eines Gammlers; dies ist die Geschichte eines Ausreißers, aber doch nicht eines Ausreißers aus dem Sozialismus: Der junge Arbeiter Edgar Wibeau, siebzehnjährig, Sohn der Betriebsleiterin, musisch begabt, ‚Chef in allen Fächern', schmeißt die Arbeit, verlässt die Provinzstadt, geht nach Berlin und nistet sich in einer abrissreifen Laube ein. Alle dann folgenden Geschehnisse bestätigen diese Ausgangssituation. Persönliche Vorbildlichkeit und Flucht aus der gesellschaftlichen Verantwortung sind widersprüchlich zusammengerückt; unentwegtes Behütetsein und unbedachte Affekthandlung bedingen sich konflikthaft; tagträumendes Nichtstun und arbeitsbesessene Energie lösen einander ab."[64]

Den Abschluss der Diskussion in *Sinn und Form* bildete eine Auswertung und Zusammenfassung, die wichtige Meinungen nochmals zusammenfasste. Dabei gab es eine bemerkenswerte Interpretation von Edgars Tod:

„Er hat das Zeitliche bereits gesegnet, als die Geschichte sich literarisch in Szene setzt. Das eben schlägt das Grundmotiv der komischen Situation an: Dass er sich selbst persifliert, als er als dieser Wibeau gar nicht mehr da ist. Was also bedeutet dann dieser Tod? … Er ist Parodie, eben mit dem genau umgekehrten Sinn begabt wie im ‚Werther'. Werthers Tod bedeutet: Die Gesellschaft taugt nichts, der Werther durch ihn entflieht. Wibeaus Flucht liegt vor seinem so genannten ‚Tod'. Sein ‚Tod' bedeutet, ‚Bin am Ende meiner Sackgasse, Leute! Halali. Grüß Euch, Leute.'"[65]

64 Robert Weimann: *Goethe in der Figurenperspektive.* In: Sinn und Form. Berlin: Rütten & Loening, 25. Jg., 1973, 1. Heft, S. 222

65 Wilhelm Girnus. In: *Sinn und Form* 1973, 6. Heft, S. 1279

Fritz J. Raddatz, der einerseits eigenwillig mit dem Inhalt umging (s. S. 64 dieser Erläuterung), fand für die sprachliche Gestaltung eine kluge Beschreibung:

„Es ist auch Ausweis einer souveränen Schreibmethode, einer überzeugenden Bewältigung des Materials. Wie Plenzdorf auf diesen wenigen Seiten alle Register moderner Prosa zieht, wie aus den Tonbändern des Technik-Fex Edgar Wibeau jene Briefe des jungen W. werden, die Sprachebenen sowohl wie soziale Realität einbringen als auch gleichzeitig abwehren, gar versetzen, das ist nicht nur geschickt, sondern kenntnisreich und gelungen. Dieser Tod des jungen W. scheint die Geburt einer eminent neuen Begabung zu annoncieren, vielleicht sogar den lang erwarteten Anfang einer neuen Literatur."[66]

In der Spielzeit 1982/83 wurde das Stück von den „Bühnen der Stadt Magdeburg" inszeniert. In einer Information wurde festgestellt, dass die Problematik des Stücks nicht gealtert sei:

„Wichtig für unser Anliegen mit dem Stück ist, dass sich in ‚Die neuen Leiden des jungen W.' die Suche nach dem Sinn des Daseins im Prozess der Arbeit vollzieht. Eine der wichtigsten Erfahrungen, die Edgar in seinem neuen Leben macht, ist die, dass er Arbeit zum Leben braucht, und das nicht nur aus materiellen Gründen ... So kommt er zur Brigade des Addi Berliner. Die Bedingungen, unter denen er antritt, sind völlig anders als in Mittenberg. War er dort der Sohn der Leiterin und Bestlehrling, so ist er hier der langhaarige Außenseiter. Während er sich in Mittenberg bis zum Bruch mit Meister Flemming ‚angepasst' verhielt, nämlich nicht um legitime Forderungen beispielsweise in der Ausbildung kämpf-

---

66 Fritz J. Raddatz: *Der Anfang einer neuen Literatur?*. In: Süddeutsche Zeitung (München) vom 16./17. September 1973. Als Material zit. bei: Wolff, S. 37

te, tritt er der Brigade Berliner mit provokantem Anspruch entge-
gen, hinter dem sich die Sehnsucht nach kollektiver Produktivität
verbirgt."[67]

Über die Auseinandersetzungen um Plenzdorfs Stück
nach der Aufführung am DT (Deutsches Theater) berich-
tet Armin Stolper, der als Dramatiker von solchen Aus-
einandersetzungen selbst betroffen war. Ein Brief an
den 1985 zum Intendanten des DT berufenen Dieter
Mann führte zu einer Aussprache:

„In den ersten zwanzig Minuten wurde über meinen Brief gespro-
chen und rasch Einigkeit über die Ursache der gemeinsam beklag-
ten Misere erzielt. Sie hätte ja, wie alles an diesem Theater, Tradi-
tion. Aber dieses Wort sei eben nicht nur positiv gemeint. Schon
gar nicht, wenn es sich um das Spielen von zeitgenössischen Stü-
cken am Deutschen Theater handele. Die skandalöse Absetzung
von ‚Die Sorgen und die Macht' von Peter Hacks damals in den
sechziger Jahren bei Langhoff sei dafür ebenso Beweis wie die
blödsinnige Kritik Hagers Anfang der siebziger Jahre wie ‚Die
Kipper' von Volker Braun und ‚Die neuen Leiden des jungen W.';
vom Verbot der Uraufführung von ‚Die Legende vom Glück ohne
Ende' von Ulrich Plenzdorf … ganz zu schweigen. Wenn man am
Deutschen Theater etwas für neue Stücke tun wolle – und das
müsse man unbedingt –, dann dürfe man vor immer neuen Wag-
nissen nicht zurückschrecken …"[68]

---

67 bühnen der stadt magdeburg. maxim gorki. Theater für junge Zuschauer. Stückinformation
    1982/83, Nr. 4: *Die neuen Leiden des jungen W.* von Ulrich Plenzdorf
68 Armin Stolper: *Wir haben in der DDR ein ganz schönes THEATER gemacht.* Berlin: Verlag Das
    Neue Berlin, 1999, S. 38 f.

Literatur

1) Ausgaben

Plenzdorf, Ulrich: *Die neuen Leiden des jungen W.* suhrkamp taschenbuch 300, Frankfurt am Main: Suhrkamp Verlag, 1976 (aktuell 2002)
(Nach dieser Ausgabe wird in der Regel in vorliegendem Kommentar zitiert.)

Plenzdorf, Ulrich: *Die neuen Leiden des jungen W.* In: Sinn und Form. Hrsg. von der Deutschen Akademie der Künste zu Berlin. Berlin: Rütten & Loening, 1972, 2. Heft, S. 254–310
(Zitiert als SuF.)

Plenzdorf, Ulrich: *Die neuen Leiden des jungen W.* Rostock: Hinstorff Verlag, 1973

Plenzdorf, Ulrich: *Die Legende von Paul & Paula. Die neuen Leiden des jungen W.* Ein Kino- und ein Bühnenstück. Mit einem Nachwort von Klaus Wischnewski. Berlin: Henschelverlag. Kunst und Gesellschaft, 1974 (dialog)
(Zitiert als D für Dramatisierung.)

Quellen

Salinger, Jerome D.: *Der Fänger im Roggen*. Roman. Die Übersetzung wurde von Heinrich Böll bearbeitet. Berlin: Volk und Welt, 1965 oder Reinbek b. Hamburg: Rowohlt 1989

Salinger, Jerome D.: *Der Fänger im Roggen*. Roman. Neu übersetzt von Eike Schönfeld. Köln: Kiepenheuer & Witsch, 2003

Goethe, Johann Wolfgang: *Die Leiden des jungen Werther*. Nachwort von Ernst Beutler. Stuttgart: Philipp Reclam jun., 2000 (Universal-Bibliothek Nr. 67)

2) Lernhilfen und Kommentare für Schüler

Bernhardt, Rüdiger: *Johann Wolfgang Goethe. Die Leiden des jungen Werther.* Königs Erläuterungen und Materialien Band 79. Hollfeld: C. Bange Verlag, ²2003

Eisenbeis, Manfred: Lektürehilfen *Ulrich Plenzdorf. Die neuen Leiden des jungen W.* Stuttgart, Düsseldorf, Leipzig: Ernst Klett Verlag, ⁶1997

Poppe, Reiner: *Ulrich Plenzdorf. Die neuen Leiden des jungen W., kein runter kein fern*. Königs Erläuterungen und Materialien Band 304. Hollfeld: C. Bange Verlag, 1992, 1995 (8. überarbeitete Auflage)
(Vorläufer des vorliegenden Kommentars.)

Wolff, Jürgen: *Materialien. Ulrich Plenzdorf. Die neuen Leiden des jungen W.* Stuttgart, Düsseldorf, Leipzig: Ernst Klett Verlag, 1980, 2000

3) Sekundärliteratur

Bathrick, David: *Kultur und Öffentlichkeit in der DDR*. In: P. U. Hohendahl und P. Herminghouse (Hrsg.): Literatur der DDR in den siebziger Jahren. Frankfurt am Main: Suhrkamp, 1983 (edition suhrkamp 1174), S. 53–81
(Wichtig für die Wirksamkeit des Stücks auf dem und durch das Theater.)

Brenner, Peter J. (Hrsg.): *Plenzdorfs Neue Leiden des jungen W.* Materialien. suhrkamp taschenbuch 2013. Frankfurt am Main: Suhrkamp, 1982
(Mit Urfassung)

Hohendahl, Peter Uwe: *Theorie und Praxis des Erbens: Untersuchungen zum Problem der literarischen Tradition in der DDR*. In: P. U. Hohendahl und P. Herminghouse (Hrsg.): Literatur der DDR in den siebziger Jahren. Frankfurt am Main: Suhrkamp, 1983 (edition suhrkamp 1174), S. 13–52
(Wichtige Analyse der Bedeutung von Plenzdorfs Text für die Erbedebatte.)

Klatt, Gudrun: *Ulrich Plenzdorf*. In: Literatur der Deutschen Demokratischen Republik. Einzeldarstellungen, Ltg.: Hans Jürgen Geerdts. Berlin: Volk und Wissen, 1987, S. 316–335, 602–604

Klatt, Gudrun: *„Modebuch" und Diskussion „über das Leben selbst". Ulrich Plenzdorfs Die neuen Leiden des jungen W.* In: Werke und Wirkungen. DDR-Literatur in der Diskussion. Leipzig: Reclam, 1987, S. 361–398
(Wichtigste Sekundärliteratur zu Plenzdorfs Text mit bibliografischen Hinweisen.)

Nössig, Manfred: *Nachdenken über Edgar W.* In: Theater der Zeit, Berlin 1973, Nr. 4, S. 4–9
(Nössig hatte nach der Uraufführung eine aufschlussreiche Kritik geschrieben – Theater der Zeit, 1972, Nr. 8, S. 18 – und beschrieb nun fünf Inszenierungen.)

Profitlich, Ulrich (Hrsg.): *Dramatik der DDR.* Frankfurt am Main: Suhrkamp, 1987 (suhrkamp taschenbuch 2072)
(Neben Einzelerwähnungen Plenzdorfs hervorragende Übersichten, Auswahl- und Personalbibliografien, auch zu Plenzdorfs ‚Neuen Leiden' und dem Umkreis.)

Profitlich, Ulrich: *Das Drama der DDR in den siebziger Jahren.* In: P. U. Hohendahl und P. Herminghouse (Hrsg.): Literatur der DDR in den siebziger Jahren. Frankfurt am Main: Suhrkamp, 1983 (edition suhrkamp 1174)
(Beschreibt die „entschiedene Zäsur", die Plenzdorfs Stück gesetzt habe.)

Scharfschwert, Jürgen: *Werther in der DDR.* Bürgerliches Erbe zwischen sozialistischer Kulturpolitik und gesellschaftlicher Realität. In: Jahrbuch der deutschen Schillergesellschaft. Stuttgart: Alfred Kröner, Jg. 22 (1978), S. 235–276

Zipes, Jack: *Bertolt Brecht oder Friedrich Wolf? Zur Tradition des Dramas in der DDR.* In: Peter Uwe Hohendahl und Patricia Herminghouse (Hrsg.): Literatur und Literaturtheorie in der DDR. Frankfurt am Main: Suhrkamp, 1976, (edition suhrkamp 779), S. 191–240
(Stellt Plenzdorfs Stück in die Tradition Brechts und Friedrich Wolfs und geht Verfremdungseffekten nach.)

o. V.: *Der neue Werther*. Ein Gespräch. In: NDL (Neue deutsche Literatur), hrsg. vom Schriftstellerverband der DDR. Berlin: Aufbau-Verlag, 1973, Heft 3, S. 139–149

o. V.: *Diskussion um Plenzdorf*. In: Sinn und Form. Hrsg. von der Akademie der Künste der DDR. Berlin. Rütten & Loening, 1972, 4. Heft, S. 908 (Ankündigung); 1973, 1. Heft, S. 219–252, 2. Heft, S. 448–453, 3. Heft, S. 672–676, 4. Heft, S. 848–887, 6. Heft, S. 1277–1293 (Zusammenfassung von Wilhelm Girnus: S. 1277–1288)

4. Film/Feature

Die neuen Leiden des jungen W. (Fernsehfilm). Klaus Hoffmann spielt den Edgar Wibeau. Regie: Eberhard Itzenplitz, 1976 (Südwestfunk)

Die Freuden und Leiden des jungen W.; Feature von Tobias Barth, 2002 (mdr)

Wie interpretiere ich ...?

■ Der Bestseller!

Die Herausgeber der Buchreihe „Wie interpretiere ich ...?" wollen zur selbstständigen Arbeit mit den im Unterricht behandelten literarischen Gattungen anregen und dazu Hilfestellung geben.

Basiswissen beinhaltet:
- grundlegende Sachinformationen zur Interpretation und Analyse
- Grundlagen zur Erstellung von Interpretationsaufsätzen
- Fragenkatalog mit ausgewählten Beispielen
- Analyseraster

Anleitungen beinhalten:
- Bausteine einer Gedichtinterpretation
- Musterbeispiele
- Selbsterarbeitung anhand praxisorientierter Beispiele

Übungen mit Lösungen beinhalten:
- konkrete, für Klausur und Abitur typische Fragen und Aufgabenstellungen zu unterrichts- und lehrplanbezogenen Texten mit Lösungen
- epochenbezogenes Kompendium

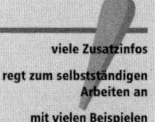

viele Zusatzinfos

regt zum selbstständigen Arbeiten an

mit vielen Beispielen

bewusste Dreiteilung der Bände zum gezielten Lernen

Bernd Matzkowski
Wie interpretiere ich?
Basis wissen
Sek. I/II (AHS)
124 Seiten
Best.-Nr. 1417-6 **Euro 10,00 [D]**
10,30 Euro[A] / sFr. 17,60

Bernd Matzkowski
Wie interpretiere ich ein Drama?
Basis wissen
Sek. I/II (AHS)
112 Seiten
Best.-Nr. 1419-2 **Euro 10,00 [D]**
10,30 Euro[A] / sFr. 17,60

Bernd Matzkowski
Wie interpretiere ich Novellen und Romane?
Basis wissen
Sek. I/II (AHS)
88 Seiten
Best.-Nr. 1414-1 **Euro 10,00 [D]**
10,30 Euro[A] / sFr. 17,60

Bernd Matzkowski
Wie interpretiere ich Kurzge-schichten, Fabeln und Parabeln?
Basis wissen
Sek. I/II (AHS)
92 Seiten, mit Texten
Best.-Nr. 1456-7 **Euro 10,00 [D]**
10,30 Euro[A] / sFr. 17,60

Bernd Matzkowski
Wie interpretiere ich Lyrik?
Basis wissen
Sek. I/II (AHS)
112 Seiten, mit Texten
Best.-Nr. 1448-6 **Euro 11,70 [D]**
12,10 Euro[A] / sFr. 20,20

Thomas Brand
Wie interpretiere ich Lyrik?
Anleitung
Sek I/II (AHS)
205 Seiten, mit Texten
Best.-Nr. 1433-8 **Euro 13,30 [D]**
13,70 Euro[A] / sFr. 23,20

Thomas Möbius **NEU**
Wie interpretiere ich Lyrik?
Übungen mit Lösungen, Band 1
Mittelalter bis Romantik ET 5/2003
mit Texten
Best.-Nr. 1460-5 ca. **11,70 Euro[D]**
12,10 Euro[A] / sFr. 20,20

Thomas Möbius **NEU**
Wie interpretiere ich Lyrik?
Übungen mit Lösungen, Band 2
19. und 20. Jahrhundert ET 5/2003
mit Texten
Best.-Nr. 1461-3 ca. **11,70 Euro[D]**
12,10 Euro[A] / sFr. 20,20

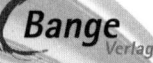

Bange
Verlag